물류로 읽는 세계사

물류로 읽는 세계사

다마키 도시아키 지음 | **노경아** 옮김

시그마북스
Sigma Books

물류로 읽는 세계사

발행일 2023년 12월 11일 초판 1쇄 발행
　　　　 2024년　9월　2일 초판 2쇄 발행
지은이 다마키 도시아키
옮긴이 노경아
발행인 강학경
발행처 시그마북스
마케팅 정제용
에디터 신영선, 최윤정, 최연정, 양수진
디자인 강경희, 정민애

등록번호 제10-965호
주소 서울특별시 영등포구 양평로 22길 21 선유도코오롱디지털타워 A402호
전자우편 sigmabooks@spress.co.kr
홈페이지 http://www.sigmabooks.co.kr
전화 (02) 2062-5288~9
팩시밀리 (02) 323-4197
ISBN 979-11-6862-187-9 (03900)

케케묵은 느낌이 들긴 하지만 언젠가부터 '세계화'는 현대 사회를 설명할 때 반드시 등장하는 단어가 되었다. 예를 들어 지금 '아마존'에 접속하면 누구나 클릭 한 번으로 전 세계의 상품을 구입할 수 있다. 아마존은 세계의 일체화, 즉 세계화를 증명하는 존재다. 세계 곳곳의 다양한 상품이 집으로 배달된다니 생각할수록 놀라운 일이다.

인터넷의 발달이 세계화를 가져왔다고 생각하는 사람이 많다. 이는 틀림없는 사실이지만 동시에 물류의 발달에도 주목해야 한다. 이를 놓친다면 세계화의 중요한 일면을 간과하게 될 테니 말이다.

전 세계 상품이 집으로 배달된다는 것은 국제 물류 시스템이 발달했다는 뜻이다. 덕분에 우리의 생활은 매우 편리해졌다. 이러한 물류 시스템은 현대에 들어 급작스레 발달한 것이 아니라 아주 먼 옛날부터 발달을 거듭해왔다.

어떤 사회든 완전히 자급자족으로 생활할 수는 없으며 물자를 교환해야 살아갈 수 있다. 아마 처음에는 교환의 범위가 상당히 좁았겠지만 서서히 넓어진 끝에 결국은 세계 물류가 일체화하기에 이르렀다. 따라서 세계화를 연구하는 일이란 곧 물류 시스템의 발달을 연구하는 일인지도 모르겠다. 하지만 물류의 역사에 대한 연구는 아직 그다지 진전되지 않았다. 사람들이 물자를 어떤 방법으로 입수해왔는지 상세히 밝혀지지 않은 것이다.

이전의 역사 연구자들은 상품 개발에만 초점을 맞추었고 상품의 구체적인 입수 경로에 대해서는 별로 관심을 기울이지 않았다. 그러나 아무리 중요한 상품이 개발되었다 해도 그것이 소비자의 손에 들어가지 않는다면 애초에 판매되지 않은 것이나 다를 바 없다.

나는 이 책에서 물류를 통해 역사를 살펴봄으로써 독자에게 이전과는 다른 역사관을 제시하고자 한다. 예를 들어 나는 영국이 팍스 브리태니카를 실현할 정도로 강성해진 가장 큰 원인은 산업혁명이 아닌 물류에 있다고 생각한다. 영국은 1651년 크롬웰에게 항해법을 제정하게 할 정도로 물류를 중시했다. 덕분에 세계의 패권국이 될 수 있었던 것이다.

'과거에는 그다지 주목받지 못했던 물류 시스템 안에 세계사의 흐름을 좌지우지하는 열쇠가 숨어 있는 게 아닐까?' 이 책은 이런 의문에서 시작되었다.

이 책은 총 17장으로 이루어져 있으며 각 장은 시대순으로 나열되어 있다. 유럽사에 많은 분량을 할애하고 있지만 근세 이후 유럽이 세계 곳곳에 진출했으므로 유럽의 물류를 살펴봄으로써 자연스럽게 세계의 물류를 다룰 수 있다고 생각한다.

이 책에서 나는 국제 무역에 종사하는 사람들과 국가의 역할을 특히 중시해 다루었다. 따라서 페니키아인, 한자동맹에 소속된 상인, 포르투갈인, 이베리아 반도에서 유래한 유대인인 세파르디, 중동에서 활약한 아르메니아 상인의 광역 네트워크 등을 살펴보는 데에도 심혈을 기울였다. 또 그와 동시에 중국 진나라와 한나라 때의 상업 정책, 영국과 네덜란드의 동인도회사, 미국의 중립 정책 등 국가의 역할 또한 비중 있게 다루었다.

책의 내용이 낯설게 느껴지는 독자도 많을 것이다. 그렇다 해도 세계 역사학계에서 한창 연구가 진행되고 있는 분야의 구체적인 성과를 소개했으니 부디 지적 호기심을 가지고 읽어주길 바란다.

이 책은 개론이 아니라서 각각의 장이 하나의 주제를 다루고 있지만 시대순으로 나열되어 있으므로 개론처럼 읽어도 좋다. 독자는 이 책을 읽으면서 세계 물류 역사에 관한 지식을 얻게 될 것이다.

이 책을 통해 현대 사회가 형성되는 데 물류가 어떤 역할을 했는지 이해하게 된다면 저자로서 무척 기쁠 것이다. 또한 이 책이 과거 역사 연구의 주류였던 국가 형성, 국가 간 경쟁, 제품 개발의 역사와는 상당히 다른 관점에서 역사상을 제시하고 있음을 알아주었으면 한다.

물류의 역사야말로 세계 일체화의 역사이자 세계화의 역사다.

이 책은 PHP 연구소 제1제작부 니시무라 겐 씨의 제안으로 기획되었다. 니시무라 씨의 제안을 받아 내가 초고를 작성하고 그가 다시 조언을 하는 식으로 집필 작업이 진행되었다. 그의 조언이 없었다면 이 책은 세상에 나오지 못했을 것이다. 이 자리를 빌려 니시무라 씨에게 감사드린다.

그 니시무라 씨가 소개해준 사람이 교토 산업대학 세계문제연구소 소장인 도고 가즈히코 선생님이다. 도고 선생님은 내가 주재하는 연구회에 여러 번 참석해 번번이 귀중한 고견을 주셨을 뿐만 아니라 교토 산업대학의 국제화를 위해 진심으로 애쓰고 계시다. 일상적 활동을 지원해주신 것까지 깊이 감사드린다.

2017년 12월 싱가포르에서
다마키 도시아키

차례

제 1 장

페니키아인이
지중해 무역으로
변성한 이유

페니키아인은 어떤 민족인가

세계사 교과서에 등장하는 페니키아인은 '에게 문명의 일부인 크레타 문명(기원전 2000~1400년경) 및 미케네 문명(기원전 1600~1200년경)이 쇠퇴한 후에 지중해 무역으로 번영한 민족'이라고 되어 있다. 그러나 이 민족의 실상은 잘 알려져 있지 않다. 다만 무역과 해운업에서 크게 활약했다고만 알려져 있을 뿐이다.

페니키아인은 유프라테스 강 상류에 살며 내륙 무역을 담당했던 아람인과 종종 대비된다. 아람인은 시리아 사막 등에서 낙타를 이용한 대상 무역을 했고 페니키아인은 해상 무역으로 활약했다. 또 아람인은 히브리 문자, 아라비아 문자, 시리아 문자, 소그드 문자, 위구르 문자의 모체가 될 아람 문자를 만들었고 페니키아인은 아직 상형 문자의 특징이 남아 있는 고대 알파벳을 선문자線文字로 개량해 오늘날 알파벳의 초석을 마련했다.

페니키아인은 아마도 무역을 위해 문자를 발전시켰을 것이다. 무역을 하려면 다양한 민족과 대화를 나눌 뿐만 아니라 문자로도 의사소통을 해야 했을 테니 말이다. 이들은 동지중해 남해안을 거점으로 삼아 지중해 무역에 진출했다. 원래는 레바논 백향목으로 불리는 삼나무를 수출하다가 그것으로 배를 만들어 해운업을 시작한 것이다.

[지도 1] 페니키아인의 무역로

제 1 장 _ 페니키아인이 지중해 무역으로 번성한 이유 **017**

17쪽 [지도 1]에 표시했듯이 페니키아인의 무역 네트워크는 전 지중해에 걸쳐 있었다. 전성기에는 서아프리카, 홍해를 거쳐 인도양까지 뻗어나가기도 했다. 심지어 그들이 홍해에서 아프리카 동부를 거치고 희망봉을 돌아 아프리카 일주를 했다고 주장하는 사람도 있다. 이것은 고대 로마에 견줄 만큼 방대한 무역 네트워크였다. 요컨대 페니키아인은 상선을 타고 다니며 매우 다양한 지역에서 장사를 했다. 당시 유럽에는 이만큼 광대한 거래망을 가진 민족이 없었으므로 페니키아인이 지중해 내 위신재(개인의 권위나 권력을 드러내는 상품)의 운송을 도맡았다.

지중해의 물류를 지배한 덕분에 페니키아인의 세력은 날로 커졌다. 이들은 기원전 12세기부터 지중해 물류를 거의 독점하면서 식민지도 여럿 건설했다. 덕분에 지중해의 물류가 자연스럽게 통일되었다. 후대의 로마인, 무슬림 상인, 이탈리아 상인, 네덜란드 상인, 영국 상인들도 이때 페니키아인이 개척한 항로를 활용했다.

즉 지중해의 상업은 페니키아인이 시작했다고 할 수 있다. 그들은 현재 레바논 땅에서 자라는 백향목을 해운 자재로 활용해 지중해 항로를 개척했고 후대의 많은 사람에게 자신들의 경로를 제공했다.

이처럼 페니키아인은 세계 역사상 매우 중요한 역할을 한 민족 중 하나다. 그들이 그렇게 발전할 수 있었던 것은 단순히 레바논 백향목으로 무역을 하는 수준을 넘어 아케메네스조 페르시아 제국의 보호하에 식민지 카르타고를 지중해 물류의 거점으로 발전시켰기 때문이다. 그 결과, 이후 지중해 세계가 발전하는 초석을 마련할 수 있었다. 아마 로마인도 그들의 네트워크를 활용했을 것이다.

무역의 중심 도시 티루스

페니키아인이 건설한 도시국가 중 가장 유명한 것이 시돈과 티루스다. 이 중 티루스는 이스라엘과 우호 관계를 유지하며 이스라엘의 솔로몬 왕(재위 기원전 965~926년경) 시대에 큰 발전을 이룩했다. 특히 솔로몬 왕이 유대 민족의 신인 야훼의 신전을 건설한 것을 계기로 크게 성장했다. 티루스가 신전을 건설할 때 꼭 필요한 양질의 백향목을 솔로몬에게 보냈고 솔로몬은 그 보답으로 대량의 밀과 올리브유를 돌려주었기 때문이다.

솔로몬의 신전이 완공되기까지는 20년이 걸렸다. 그동안 티루스는 현장에 많은 노동자를 보냈을 뿐만 아니라 목재의 벌채 및 운송과 내부 비품, 도구류 생산에 필요한 다양한 노하우를 제공했다.

티루스와 솔로몬의 공동 사업은 이후로도 이어졌다. 솔로몬 왕이 대형 선박을 만들어 홍해 무역에 나서자 티루스가 이스라엘과 우호 관계를 맺어 홍해의 무역을 장악하고 다양한 도시를 왕래하기 시작

[표 1] 티루스에 모인 상품들

지명	품목	지명	품목
타르시시	은, 금, 주석, 납	다마스쿠스	포도주, 양모
야완(이오니아)	노예, 청동 상품	드단	거친 승마용 직물
벳 도갈마	말, 군마, 노새	아라비아, 게달	양, 산양
로도스 섬	상아, 흑단	스바, 라아마	향료, 보석, 황금
이스라엘	밀, 수수, 꿀, 기름, 유향(수지의 일종)		

출처: 구리타 노부코, 사토 이쿠코 『무역 국가 카르타고(通商国家カルタゴ)』, 63쪽

한 것이다. [표 1]에 티루스와 무역을 실시했던 주요 도시와 당시 거래했던 상품의 목록이 나와 있다. 티루스는 그야말로 거의 전 세계의 상품이 모이는 무역 도시였다.

티루스의 활동 범위는 메소포타미아 북부에서 아라비아 반도와 소아시아까지, 에게해부터 지중해 서쪽까지 펼쳐져 있었다. 이런 무역 네트워크는 기원전 800년경에 이미 확립되어 있었을 것으로 여겨진다.

티루스는 기원전 8세기 이후 지중해 연안에 식민지를 건설하기도 했다. 그러나 기원전 8세기 말에 아시리아의 사르곤 2세가 이스라엘 왕국을 멸망시켰고 그 뒤를 이은 센나케리브 왕이 시리아, 페

니키아, 바빌로니아를 차례차례 병합했다.

북메소포타미아의 아시리아는 기원전 12~11세기에도 티루스를 압박한 적이 있는데, 그 정책이 계속 이어져 기원전 9세기가 되자 지중해 원정이 일상화되었다. 따라서 티루스를 비롯한 모든 페니키아인의 도시가 지중해 서쪽으로 진출해 식민 도시를 건설할 수밖에 없었다.

22쪽의 [지도 2]를 보면 페니키아인이 건설한 지중해의 식민 도시들이 전부 티루스의 서쪽에 위치한 것을 알 수 있다.

티루스는 이처럼 아시리아에 정복당했다가 이후 부활해 지중해 무역으로 다시 번영했다. 그러나 기원전 6세기 전반에 또 한 번 신바빌로니아 왕국(기원전 625~539년)의 네부카드네자르 2세에게 13년간 포위당하게 된다. 하지만 그 신바빌로니아를 멸망시킨 아케메네스조 페르시아 제국이 페니키아인의 무역 활동을 보호한 덕분에 물류의 거점으로 다시 번영할 수 있었다. 이후로 다양한 상품이 페니키아인의 선박에 실려 티루스를 오갔다. 이 시기에 페니키아인은 페르시아와 협력해 세력을 늘리는 동시에 지중해에서 그리스인과 패권을 다투며 상업 활동을 펼쳤다.

티루스의 식민 도시 중 가장 중요한 곳은 카르타고다. 카르타고는 기원전 820년에서 기원전 814년 무렵에 건설된 도시로, 기원전 6세기부터 서지중해 무역의 중심지로 활약하고 있었다.

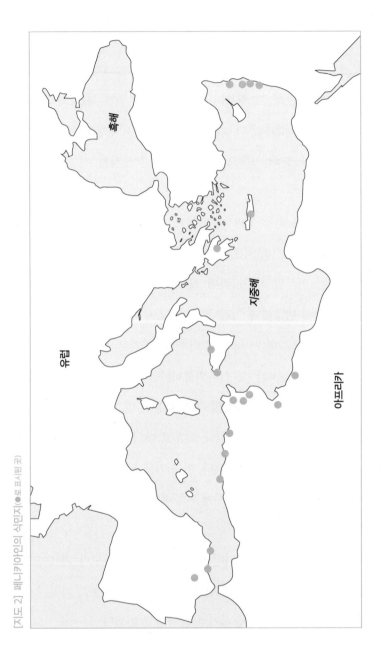

[지도 2] 페니키아인의 식민지(●은 표시된 곳)

흑해

유럽

지중해

아프리카

고대 세계와 노예

그런데 고대 지중해에 식민지가 건설된 이유는 무엇일까? 독일의 사회학자이자 역사학자인 막스 베버는 고대 경제의 중요한 특징 중 하나로 '사람들이 먼 곳에서 수입된 곡물에 의존했다'는 점을 들었는데 고대 그리스와 고대 로마, 카르타고 역시 마찬가지였다.

그리스와 로마는 곡물이 부족해 다른 지역을 침략했다. 그중에서도 고대 로마는 많은 노예를 부렸는데, 특히 속주의 대농장(라티푼디움)에서 노예의 노동력을 많이 활용했다. 요컨대 지중해 국가들이 경제적으로 번영할 수 있었던 것은 노예 등의 저렴한 노동력이 있었기 때문이었다. 만약 노예가 없었다면 그들의 경제는 제대로 기능하지 못했을 것이다. 바로 이것이 지중해 경제 성장의 큰 한계였다. 또 그리스가 정치적으로 대제국을 형성하지 않고 상인의 상업 네트워크를 이용했던 반면, 카르타고와 로마는 제국을 형성해 광대한 영토를 획득했다.

로마에게 카르타고는 정복해야 할 대상이었다. 광대한 영토에서 생산된 물자를 자국 선박으로 수입하는 것이 로마의 정책이었기 때문이다.

카르타고의 번영과 쇠퇴

카르타고는 현재 튀니지의 수도 튀니스 부근에 있었던 고대 도시다. 다른 페니키아인의 도시와 마찬가지로 수심이 비교적 얕아 닻을 내리기가 쉬웠으므로 배를 항구에 정박하기 좋은 곳이었다.

카르타고는 지중해를 동서로 나누었을 때 거의 중앙에 위치해 있고 시칠리아 섬에 가까우므로 북아프리카에서 이탈리아까지 직선으로 지중해를 관통하는 경로를 확보할 수 있었다. 지리적으로 지중해 무역망의 중앙부에 위치했던 셈이다. 또한 카르타고가 모체인 티루스를 대신해 광대한 네트워크를 형성하게 된 것은 아시리아와 신바빌로니아가 대두함에 따라 티루스의 상업 활동이 쇠퇴했기 때문이다.

기원전 4세기 알렉산드로스 대왕이 시돈과 티루스를 함락시켰을 때 수많은 페니키아인이 카르타고로 이주했다. 그때부터 카르타고는 상업 국가로 번영하기 시작했다. 이 무렵의 카르타고 상선은 지브롤터 해협을 넘어 브리튼 섬까지 진출해 주석 등을 수입했다. 페니키아인의 물류가 북해까지 도달한 것이다. 그때 지중해 동쪽에서는 페르시아 전쟁 이후 아테네가 크게 번성해 '아테네 제국'으로 불리고 있었다. 한편 지중해 서쪽에서는 카르타고가 강력한 세력으로 발달했다. 이는 카르타고가 기존의 페니키아 식민지들과는 달리 군사적

성격을 띠었기 때문이다.

카르타고는 시칠리아 섬, 사르데냐 섬, 코르시카 섬까지 세력을 뻗쳤다. 때문에 그리스인의 식민지인 마살리아(현 마르세유) 등과 대립하기도 했지만 그리스의 세력이 쇠퇴한 덕분에 큰 저항에 부딪치지는 않았다.

카르타고는 이베리아 반도에도 카르타헤나, 아르메니아, 발렌시아, 바르셀로나 등의 식민지를 건설했다. 한편 서쪽 절반을 지배했던 시칠리아 섬에서는 동쪽의 그리스 식민지 시라쿠사와 격렬한 대립이 일어났다. 이에 시라쿠사가 로마에 원군을 요청하자 로마는 이를 시칠리아에 진출할 기회로 여기고 카르타고와의 직접 대결에 나섰다. 이것이 포에니 전쟁(기원전 264~146년)의 기원이다.

카르타고는 페니키아인의 다른 도시들과 달리 강대한 군사력을 갖추었으므로 로마와의 대결을 피할 이유가 없었다. 어찌 보면 카르타고와 로마 사이에 포에니 전쟁이 일어난 것은 자연스러운 일이었다. 그 결과 전쟁에 승리한 로마가 서지중해의 패권을 쥐게 되었다.

포에니 전쟁은 정확히 3차로 나뉜다. 제1차는 기원전 264~241년에 벌어졌으며, 제2차는 기원전 218~201년, 제3차는 기원전 149~146년에 치러졌다. 카르타고는 세 번 모두 패배해 멸망했다. 로마는 제1차 포에니 전쟁에서 이탈리아 반도 외의 첫 영토인 시칠리아를 획득했다. 또 제1차와 제2차 사이에 카르타고의 영토였던 사르데냐와 코르시카를 빼앗았다. 제2차에 승리했을 때는 히스파니아를 얻었다. 마지막으로 제3차에서 카르타고를 완전히 파괴하고 불태웠으며 수많은 카르타고인을 노예로 만들었다.

카르타고에 관한 문헌과 사료는 거의 남아 있지 않다. 향후 고고학 유적 조사를 통해 카르타고에 관한 흥미로운 사실들이 좀 더 많이 밝혀지기를 바랄 뿐이다.

페니키아인이 없었다면 로마인도 없었다

로마는 카르타고를 멸망시켜 지중해를 자국의 내해로 만들었다. 여기에서 주의할 점은 승전국인 로마가 카르타고의 물류 시스템을 이어받은 듯하다는 것이다. 포에니 전쟁으로 아프리카 북부 해안은 로마 땅이 되었고 많은 주민이 노예가 되어 이탈리아 반도로 이주했다. 로마의 배가 수없이 지중해를 왕래했다. 그럴 때마다 그들은 틀림없이 페니키아인과 카르타고인이 개척한 경로를 활용했을 것이다. 그때 고대 로마에게 지중해란 정치적으로 통일된 하나의 제국을 의미했다. 그런데 우리는 이 정치적 통일에 정신이 팔린 나머지 경제적 통일을 간과해왔을지도 모른다.

페니키아인이 없었다면 고대 로마인도 없었다. 고대 로마는 카르타고의 물류 시스템 덕분에 제대로 기능할 수 있었다. 물류 측면에서 보면 로마가 카르타고의 후계자라고도 할 수 있다. 우리는 카르타고에서 고대 로마로 이어지는 지중해 물류의 연속성에 좀 더 관심을 기울일 필요가 있다.

지중해 세계를 로마가 건설했다고 여기는 사람이 많을 것이다. 그러나 그것은 유럽인이 자신의 과거를 미화하기 위해 만들어낸 환상에 불과할지도 모른다. 분명 로마인은 아프리카의 속주에서 곡물을 생산해 수입했고 이탈리아 반도에서 올리브 등 과일을 재배했다. 하지만 로마가 이렇게 곡물을 수입할 수 있었던 것은 카르타고인의 지중해 물류 네트워크를 이어받은 덕분이다. 이 사실을 절대 잊어서는 안 된다. 카르타고가 없었다면 로마도 존재하지 못했을 것이다.

심지어 페니키아인이 없었다면 어떻게 되었을까? 로마가 물류 경로를 처음부터 하나하나 만들어야 했을 텐데, 그건 아마도 불가능했을 것이다. 원래 유럽에는 '항로'라고 할 만한 것이 존재하지 않았기 때문이다. 그뿐만 아니라 로마인은 조선 기술이나 항해 기술도 처음부터 하나하나 개발해야 했을 것이다. 그랬다면 지중해를 내해로 만들 수 없었을 테니 로마는 이탈리아 반도에 있는 작은 나라로 끝났을지도 모른다. 요컨대 로마가 페니키아, 카르타고의 물류 경로를 계승했기 때문에 나라를 확대하고 유지할 수 있었던 것이다.

제 2 장

동아시아가
유럽보다
경제 발전이
빨랐던 이유

중국 역사상 가장 유명한 황제 중 하나인 한 무제는 기원전 141년에 즉위해 기원전 87년에 사망했다. 일본 야마카와 출판사의 『세계사 용어집』은 그를 이렇게 설명하고 있다.

전한의 전성기를 실현한 제7대 황제(재위 기원전 141~87년). 첫 연호 '건원'을 제정했다. 나라를 다스린 54년 내내 중앙 집권화를 추진해, 대내적으로는 유학을 관학으로 만들고 토목 사업을 전개했으며 대외적으로는 흉노를 쫓아내고 베트남과 한반도에 진출해 군(郡)을 설치했다. 이런 사업으로 발생한 재정난을 해결하기 위해 소금 및 철을 전매로 돌리고 균륜법과 평준법 등 경제 정책을 실시했다.

무제는 대외 정책에 매우 적극적이어서 흉노족과 싸우고 베트남과 한반도 원정까지 감행했으므로 국고가 급속히 비어 갔다. 그래서 그 빈 곳을 메우기 위해 몇 가지 재정 정책을 실행해야 했다. 무제의 개혁을 이야기할 때 재정 개혁만을 언급하는 사람이 많은데 이 개혁으로 말미암아 물류가 왕성해지고 경제 성장이 속도를 낼 수 있었다. 이 장에서는 그 이야기를 하고자 한다.

단, 본격적으로 이야기를 시작하기 전에 춘추 전국 시대로부터 진시황을 거쳐 무제에 이르기까지 중국의 경제 정책을 전체적으로 짚어볼 필요가 있다. 무제의 경제 정책이 진시황의 경제 정책과 연장선상에 있는 것으로 판단되기 때문이다.

춘추 전국 시대의 경제 정책

중국의 역사책 『사기』에 등장하는 중국 최초의 왕조는 하 왕조다. 그 후 기원전 16~11세기의 은 왕조, 기원전 11세기~771년의 ⁽ˢᵉ⁾주⁽¹⁾ 왕조가 이어졌으며, 기원전 770년에 주가 낙읍으로 천도한 것을 계기로 춘추 전국 시대가 시작되었다. 이때부터 중국은 500년 이상에 걸친 전란의 시대에 돌입한다.

전국 시대의 특징을 살펴보면, 군사 면에서는 주요 군사력이 귀족의 전차에서 보병으로 바뀌었고 철제 무기가 보급되었다. 경제 면

---

1) 상나라(은나라) 다음의 왕조. 이전의 하·상과 더불어 중국의 3대 고대 왕국으로 꼽힌다.

에서는 철제 농기구와 우경 농법이 대중화됨에 따라 농업 생산량이 늘어났으며 농업과 수공업이 활발해져 청동 화폐가 만들어졌다. 춘추 전국 시대에 들어 중국의 경제가 두드러지게 발전한 것이다. 이런 상황에서 진나라가 중국을 통일했다. 세계적으로 수준이 이미 상당히 높아져 있던 중국 경제를 진이 계승한 셈이다. 진은 이런 중국의 경제를 더욱 발전시키고자 했다.

중국을 통일할 때의 진나라 왕은 정(재위 기원전 247~210년)이었다. 정은 법가 사상에 기초해 중국을 다스렸고 도량형과 문자, 화폐를 통일했으며 중앙 집권적 군현제를 실시했다. 그는 단순한 왕이 아닌 '황제'의 자리에 올라 '시황제'로 불렸다.

시황제는 이미 발전해 있던 경제를 기반으로 중국을 통일했다. 그리하여 진은 전국 시대에 이미 중국 최초의 화폐인 반량전을 발행했다. 그런데 이 청동 화폐는 동과 주석으로 만들어졌다. 세계 이곳저곳에 매장되어 있는 동과는 달리 주석의 산지는 한정되어 있는데도 청동 화폐를 주조한 것을 보면 중국의 교통은 이미 이 시기에 발달해 있었을 가능성이 높다. 이처럼 중국의 물류는 춘추 전국 시대에 더욱 왕성해진 것으로 보인다.

지금까지 살아 있는 진시황의 영향력

시황제의 개혁은 진나라, 나아가 그 이후의 중국과 현대의 전 세계에까지 영향을 미치고 있다. 시황제가 없었다면 우리는 현재와는 전혀 다른 세상에 살고 있을지도 모른다. 그만큼 진시황의 업적은 대단했다.

구체적인 예를 들어보자. 진이 기원전 221년에 중국을 통일하기 전, 중국에는 여러 가지 통화가 존재했다. 그러나 진이 그것을 모두 반량전으로 통일함으로써 광역 거래를 훨씬 쉽게 만들었다. 통화 종류가 많으면 환전이 번거로워진다. 뿐만 아니라 환전상에게 수수료를 지불해야 하므로 환전할 때마다 금액이 실질적으로 줄어든다. 시황제는 통일 화폐인 반량전을 발행함으로써 그러한 불편을 모두 없앴다. 다시 말해 시황제가 중국이라는 광대한 영토를 단일 통화권으로 만든 것이다. 덕분에 춘추 전국 시대에 이미 시작된 경제 성장이 더욱 빨라지게 되었다.

게다가 그는 중국의 문자를 전서(소전)[2]로 통일했다. 중국어는 지금도 지역별로 발음이 크게 다른데도 문자가 같아 쉽게 소통할 수 있다. 진시황이 그 기반을 닦은 것이다. 소전은 일본에도 전해져 현

---

2) 주나라 의왕 때의 태사인 주(籒)가 만든 대전(大篆)이라는 서체를 진나라 시황제 때 재상 이사(李斯)가 간략하게 줄인 것.

대 일본인이 사용하는 한자의 기본이 되었다. 뿐만 아니라 소전은 동아시아 세계의 공통 문자로 쓰였다 해도 과언이 아니다. 소전의 도입으로 동아시아 세계, 나아가 동남아시아 일부까지도 원활한 소통이 가능해졌다.

이와 더불어 진시황은 군현제라는 중앙 집권 체제를 갖추었다. 춘추 전국 시대에는 제후들이 곳곳의 땅을 나누어 가졌으므로 중앙 정부의 통제력이 전국에 미치지 않았다. 그런데 진시황이 중앙 정부가 일괄적으로 땅을 관리하는 시스템을 도입했다. 그러자 경제 활동에서 발생했던 다양한 낭비가 사라졌다. 요컨대 진시황의 정책으로 상업 활동에 따르는 다양한 비용이 대폭 줄어든 것이다. 시황제가 도입한 시스템은 어떤 면에서 현재의 EU와 비슷하다. 반량전은 현재의 유로화에 해당하며 통일된 문자와 도량형은 단일 시장이 원활히 기능하기 위한 기반이라 할 수 있다. 진시황은 이처럼 효율적인 경제 시스템을 확립했다.

중국의 상품은 이때부터 하나의 통일된 시장에서 유통되기 시작했다. 이 시장은 국가의 권력으로 만들어진 것이므로 국가가 시장에 개입해 상품의 흐름(물류)을 촉진했다고 말할 수 있다. 이 시스템은 이후 무제에게도 계승된다.

진의 통치 정책을 이어받은 한나라

진시황이 개혁을 급격히 추진한 탓인지 진나라는 건국 후 15년밖에 버티지 못하고 기원전 206년에 멸망했다. 그 후 항우와 유방이 패권을 다투다 유방이 승리해 기원전 202년에 한나라를 세웠다.

한은 진에 반대하는 입장에서 세워진 나라다. 따라서 군현제와는 정반대인 군국제를 채택했다. 자신을 위해 싸운 제후의 공적을 무시할 수 없었던 유방(한 고조)이 그들을 제후로 후대했기 때문이다. 처음에 고조는 직할지에는 중앙 집권 체제인 군현제를, 그 외의 지역에는 지방 분권제인 봉건제를 적용했다. 이런 정치 시스템을 군국제라고 한다. 따라서 황제의 힘이 진나라에 비해 약했다. 그런데도 황제는 제후의 권력을 빼앗고 자신의 권력을 강화하려 했다. 이런 일이 거듭되자 제후들이 반발해 기원전 154년 '오초칠국의 난'을 일으키기에 이르렀다. 결국 한 역시 진의 정책을 계승하게 된 것이다.

오초칠국의 난은 금세 진압되었다. 그 결과 다음 대인 무제 때는 제후들의 힘이 더 약해졌고 군주의 독재는 더 강해졌다. 그야말로 진시황이 지향했던 나라였다. 그러고 보면 진에서 한(전한) 무제까지 80년여의 세월은 황제의 독재가 강화되고 중앙 집권화가 진행된 세월이었다. 시황제가 시작한 중앙 집권화를 무제가 완성한 셈이다. 이 체제는 경제 면에서는 단일 시장을 탄생시켰다. 그 결과 한의 경제력은 강해졌지만 이 체제를 기반으로 실시된 적극적 대외 정책 때문에 오히려 경제력이 약해진 측면도 있다. 시황제가 더 오래 살았다면 대외 정책을 더욱 적극적으로 펼쳤을 것이다. 무제의 대외 원정도 진시황이 오래 살았다면 취했을 행동이었다. 중국은 시황제에서 무제에 이르는 약 100년 동안 경제 성장에 필요한 제도를 정비해나갔다.

또한 중국은 유럽보다 훨씬 앞서 도량형과 문자를 통일했다. 그 효과는 중국뿐만 아니라 아시아 각지, 특히 동아시아에서 강하게 나타났다. 따라서 아시아는 중국을 중심에 둔 경제 시스템을 성립시켰고 유럽보다 경제적으로 성장하기 쉬운 제도를 수립할 수 있었다. 요컨대 EU가 생기기 훨씬 이전부터 중국에 이미 단일 시장이 형성되었으며 그 영향은 아시아 지역에 골고루 미쳤다. 여기에 아시아 경제 성장의 열쇠가 있다.

무제의 적극적 정책

중국 전역을 거의 다스리게 된 무제는 중국 남부, 나아가 한반도까지 군현제를 확대했다. 또한 관리 확충을 위해 향거리선[3] 제도를 만

---

3) 한나라의 관리 선발 제도. 향론에 기초하고 대신이나 주군 장관의 추천을 받아 인재를 선발했다.

들어 인재를 등용했으며 학자인 동중서의 제안을 받아들여 유가를 관학으로 숭상하는 정책도 도입했다.

대외적으로는 유목 민족인 흉노족과 명확히 대립했으므로 기원전 139년에 장건[4]을 대월씨국에 보내 흉노를 공격하도록 했다. 장건은 그로부터 십 몇 년 후에야 귀국했다. 이때 장건이 대월씨와 대완[5], 오손[6] 등의 상황을 보고한 덕분에 무제는 본격적으로 서역에 진출할 수 있었다. 그래서 기원전 129년 이후 위청, 곽거병 등을 장군으로 세워 흉노를 압박하며 서역으로 진출했다.

무제는 둔황 등의 군을 설치함으로써 지배 영역을 서쪽으로 넓혔다. 그 외에 베트남의 남월을 정복해 일남군 등을 설치하고 한반도에 진출해 낙랑군 이하의 4군을 두어 직할령으로 삼았다. 무제는 이처럼 중국의 세력을 바깥 세계로 확대했다.

획기적이었던 균륜법과 평준법

그러나 이 대외 정책들을 수행하느라 국고가 점점 비어 갔으므로

---

4) 한나라 때의 여행가로 중국에서 서역으로의 교통로를 공식 개통하는 데 영향을 주었다.

5) 중국 한나라 때 중앙아시아의 페르가나에 있던 오아시스 국가.

6) 중국 한나라 역사서에 등장한 튀르크계 민족.

한나라는 국가 재정을 재건할 필요가 있었다. 이때 등장한 인물이 상홍양이다. 무제는 상홍양의 조언을 받아들여 소금과 철의 조세 수입을 국가 재정으로 이관했다. 철과 소금은 중국에게 가장 중요한 물자였는데 소금 생산지가 산서성이나 사천성 일부에 집중되어 있어서 이곳의 제염업자와 판매업자가 거대한 부를 축적하는 것이 문제였다. 농사에는 철제 농기구가 반드시 필요했으므로 제철업자와 그 판매업자가 사업을 독점하고 막대한 이익을 챙겼던 것이다. 이전에도 소금과 철에 세금이 매겨지기는 했지만 그 판매 수익이 국가 재정과 관련이 없었으므로 무제가 제도를 바꾼 것이다. 그리고 결국 소금과 철을 국가가 전매하도록 만들었다.

무제는 또한 균륜법, 평준법을 실시했다. 균륜법이란 지방에 균륜관이라는 관직을 두고 그로 하여금 현지 물품을 구입해 중앙으로 보내도록 하는 제도였다. 다시 말해 국가가 상업 행위에 참여해 국가 재정의 안정을 꾀하는 제도였다. 한편 평준법이란 앞서 말한 균륜관이 물가가 떨어지면 물건을 사들여 물가를 올리고, 물가가 오르면 사두었던 물건을 판매해 물가를 내리도록 한 제도를 말한다. 또 무제는 상공업자의 재산세를 높였으며 중앙관청이 화폐 주조를 독점할 수 있도록 제도를 바꾸었다.

아마 당시의 유럽은 이런 재정 개혁을 실행할 능력이 없었을 것이다. 중국의 시스템은 그만큼 앞서 있었다. 만약 한 무제가 공채까지 발행했다면 더욱 근대적인 방식으로 국고를 금세 채울 수 있었을 것이다.

무제는 이처럼 단순히 기존의 재정 시스템을 개혁한 것이 아니라 국가가 경제에 개입해 경제 성장을 촉진하는 독자적인 시스템을 개발했다. 이것은 엄밀히 말해 시황제가 만들고 무제가 완성한 시스템이었다.

균륜법과 평준법은 특권을 쥐고 있던 대규모 상인에게 큰 타격을 주었지만 일반 백성에게는 긍정적으로 작용했을 것이다. 상품은 여전히 한정되어 있었지만 물류는 특정 상인의 손아귀를 벗어난 것이다. 무제 시대의 사람들은 이것이 얼마나 큰 변화인지 실감하지 못했을지도 모른다. 그러나 이때 시황제가 만들고 무제가 완성한 시스템 덕분에 비로소 하나의 시장에서 다수의 상인이 물류에 참여할 수 있게 되었다. 이 사건이 중국의 경제 성장에 크게 공헌했다.

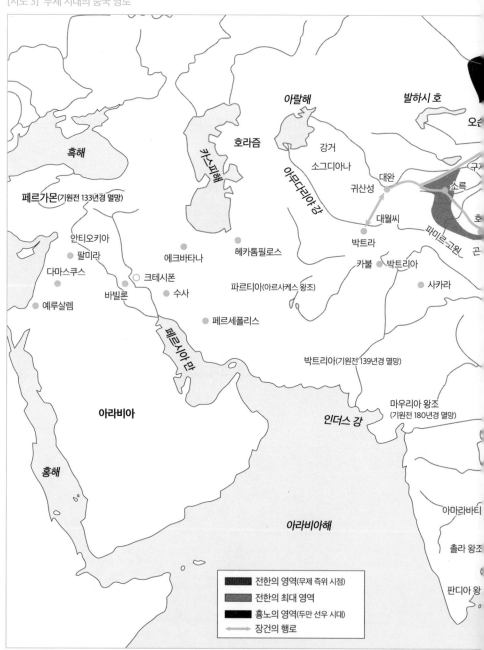

발하시 호

오순

아랄해

흑해

호라즘

카스피해

아무다리야강

강거

소그디아나

대완

귀산성

구

소륵

호

페르가몬(기원전 133년경 멸망)

대월씨

박트라

파미르고원

곤

안티오키아

에크바타나

헤카톰필로스

카불

박트리아

팔미라

사카라

다마스쿠스

크테시폰

수사

파르티아(아르사케스 왕조)

예루살렘

바빌론

페르세폴리스

페르시아만

박트리아(기원전 139년경 멸망)

아라비아

마우리아 왕조
(기원전 180년경 멸망)

인더스 강

홍해

아마라바티

아라비아해

촐라 왕조

판디아 왕

전한의 영역(무제 즉위 시점)
전한의 최대 영역
흉노의 영역(두만 선우 시대)
장건의 행로

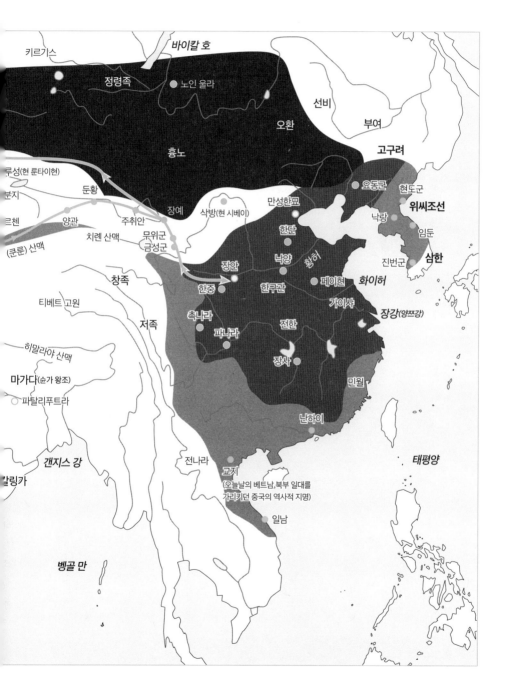

키르기스

바이칼 호

정령족

노인 올라

선비

부여

오환

고구려

흉노

요동군

현도군

위씨조선

루성(현 룬타이현)

낙랑

분지

둔황

장예

삭방(현 시베이)

임둔

츠첸

양관

주취안

만성한묘

진번군

삼한

(쿤룬) 산맥

치롄 산맥

무위군
금성군

한탄

창족

장안

낙양

활허

페이현

화이허

티베트 고원

저족

한중

한구관

가이샤

장강(양쯔강)

히말라야 산맥

촉나라

파나라

전한

마가다(슌가 왕조)

파탈리푸트라

장사

민월

난하이

갠지스 강

전나라

교지
(오늘날의 베트남,북부 일대를
가리키던 중국의 역사적 지명)

태평양

칼링가

일남

벵골 만

제 3 장

이슬람 왕조는
어떻게
국력을 키웠을까

아바스 혁명에서 세계 종교로

7세기는 이슬람 세력의 전성기였다. 622년에 무함마드가 이슬람교를 창시한 이래 이슬람 세력이 순식간에 거대한 영토를 차지했기 때문이다.

무함마드 시대(622~632년) 이후 정통 칼리프 시대(632~661년)가 이어졌다. 정통 칼리프 시대란 무함마드의 후계자인 칼리프가 정당하게 선출되고 무함마드의 가르침이 엄격히 지켜졌던 시대를 말한다. 이 시대에 이슬람교의 특징인 지하드(성전)가 활발했으므로 이슬람의 영토는 서아시아까지 확대되었다. 이슬람 세력은 시리아, 이집트, 이란을 정복했다.

정통 칼리프 시대에는 무함마드의 시대와 달리 부족끼리의 결속이 인정되지 않았다. 이슬람 세력이 급속히 성장한 것도 모든 인간이 평등하다는 가르침이 널리 받아들여졌기 때문이다. 그러나 무슬림(이슬람교도) 중 아랍인이 아닌 사람은 여전히 지즈야(인두세)와 하라지(지세)를 내야 했다. 이슬람교가 아직은 아랍인 위주의 종교로 머물러 있었던 것이다.

그러나 이슬람 왕조는 아바스 왕조(750~1258년) 때 한층 더 성장했다. 아랍인의 특권이 폐지되어 아랍인이 아닌 사람도 지즈야를 내지 않게 된 것이다. 이로써 아바스 왕조는 아랍인의 왕조가 아니라 모든 무슬림의 왕조가 되었다. 이것은 역사학자들이 종종 '아바스 혁명'이라고 부르는 사건이다. 이때 아바스 왕조는 이슬람교를 아랍인의 종교가 아닌 민족을 따지지 않는 세계의 종교로 만들었다.

[지도 4] 아바스 왕조의 최대 영토

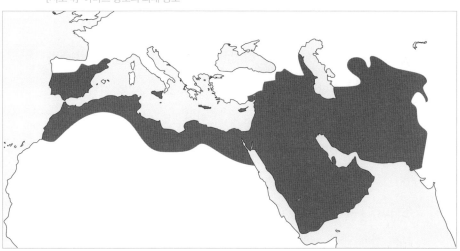

전성기 아바스 왕조의 영토는 중앙아시아까지 미쳤다. 그래서인지 멀리 인도양 지역도 이슬람 세력의 영향을 받았다. 이슬람 세력은 인도양과 동남아시아 지역들을 바다로 연결시킴으로써 인도양 물류의 양상을 크게 바꾸었다.

이번 장에서는 인도양의 물류가 어떻게 달라졌는지 살펴보고자 한다. 이슬람 세력이 주도권을 쥐기는 했지만 당시 인도양의 무역에는 다른 종교를 가진 상인들도 참여하고 있었다. 결국에는 둘 다 유럽인에게 상권을 서서히 빼앗긴 끝에 인도양 물류를 넘겨주고 말았지만 말이다.

인도양 교역의 핵심을 담당한 무슬림 상인

인도양 해역사학자로 유명한 야지마 히코이치에 따르면, 8세기 중반부터 10세기 중반까지 약 200년 동안 바그다드는 주변 지역에 이슬람 세계의 문화적 상징으로, 또 부의 원천으로 여겨지게 되었다. 무슬림 상인은 열대 및 아열대 지역에서 다양한 물자(향신료, 약물, 금, 납, 주석, 보석, 목재, 쌀, 콩, 열대산 과일, 동물 피혁, 상아, 가축, 섬유 원료)를 대량으로 수입하고 그 대가로 서아시아와 지중해 연안부의 도시에서 생산된 의료품, 깔개, 금속 제품, 도기, 유리 용기, 장신구, 금은 화폐, 무기 그리고 다른 지역에서 온 중개 무역 상품을 수출했다.

인도양에서 사용된 배는 일반적으로 다우선[1]이었을 것이다. 다우선은 연안 무역뿐만 아니라 장거리 무역에도 쓰였다. 아랍인과 페르시아인은 아프리카 동해안과 인도 서해안으로 장거리 항해를 떠날 때 다우선을 썼으며 인도양 연안에 사는 사람들도 다우선으로 물건을 운반했다. 그 교역의 중심에 무슬림이 있었다. 유럽은 오랫동안 군사적으로나 상업적으로 이슬람 세력에 상대가 되지 않았다. 또한 무슬림의 대표였던 아바스 왕조는 중국 당나라와도 거의 250년간 활발하게 인적·경제적·문화적 교류를 해왔던 터였다.

앞서 소개한 야지마에 따르면, 9~10세기부터 시라프(페르시아 만 동해안의 중간쯤에 있는 항구) 출신의 무슬림 상인이 홍해, 동아프리카 해안, 인도 서해안에서까지 활약했다고 한다. 그들의 무역 네트워크는 중국 광저우에도 미쳤다. 인도 해역의 주요 항구에서 중국 동전, 특히 10세기 중반에서 11세기 초반 사이의 송나라 동전이 대량으로 출토된 것을 보면 인도양 경제와 중국 경제 사이에 거래가 있었음을 짐작할 수 있다. 송나라가 일본에서 수입한 동으로 동전을 만들어 그것을 다시 일본에 수출했다는 사실도 비교적 널리 알려져 있다. 요컨대 남아시아의 인도에서부터 동아시아의 일본까지 느슨하게 통합

---

1) 고대 인도양에서 항해하던 선박, 삼각 돛을 단 목조선 일반에 대한 호칭.

된 하나의 경제권이 형성되어 있었던 것이다.

송나라의 경제 성장률은 매우 높았다. 국내에서는 새로운 자원이 속속 개발되었고 기술도 크게 혁신되었다. 또한 각지에서 특산품이 생산되어 그것을 서로 교환하는 거래도 활성화되었다. 중국 국내에서 지역 분업이 이루어져 유통이 발달한 것이다. 이만큼 광대한 네트워크가 하나의 경제권으로 통합되는 데에는 무슬림 상인들이 큰 역할을 담당했다. 이들의 활약에 힘입어 부와 물자가 바그다드로 집결했던 덕분에 아바스 왕조 역시 번영할 수 있었다.

인도양의 이슬람화와 중국의 영향

인도양은 급격히 이슬람화되었다. 인도에서는 델리를 기반으로 노예 왕조(1206~1290년)와 할지 왕조(1290~1320년), 투글루크 왕조(1320~1414년), 사이드 왕조(1414~1451년)와 로디 왕조(1451~1526년)가 차례차례 권력을 잡았다. 물론 다른 세력도 있었지만 인도양은 거의 이슬람의 바다가 되었다. 그런 한편 중국 배도 많아졌을 것으로 여겨진다. 그러나 지금은 그 당시 중국 배가 늘어났다는 구체적인 수치를 제시하기 어렵다.

원래 중국은 해상 무역을 중시한 나라였다. 마르코 폴로도 저서

『동방견문록』에서 저장성의 항구 도시인 항저우가 매우 번성했다고 말했다. 항저우는 원래 견직물 생산으로 유명했던 도시지만 원나라 때 상업 도시로 더욱 유명해진 것이다.

무슬림 상인들은 당나라 초기부터 푸젠성의 취안저우에서 무역 활동을 했다. 당의 수도인 장안까지 무슬림 상인이 들어와 있었으니, 당의 대표적 항구인 취안저우에 무슬림 상인이 있었던 것은 당연한 일이다. 취안저우는 원나라 때 남방 해양 무역으로 한층 더 번성했다. 일반적으로 원나라, 즉 몽골 제국은 유라시아 대륙의 중앙부에 위치한 육상 제국으로 알려져 있지만 사실 이 나라는 해상 무

[지도 5] 인도양에서 아프리카로 가는 무역 경로

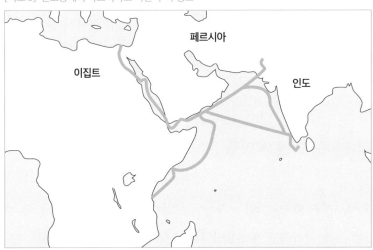

역에도 적극적이었던 것이다.

대략 요약하자면 중국의 해상 무역은 당나라 때부터 왕성해져 송나라 때 크게 발전했다. 상업을 중시한 원나라도 무역을 장려했다. 이런 점에서 원나라 역시 이전 왕조의 연장선상에 있었음을 알 수 있다. 이 시대에는 해상을 중심으로 한 상업 네트워크를 통해 인도의 면직물이 홍해로, 또 사하라 사막 이남의 아프리카로 보내져 서아프리카의 세네갈과 감비아까지 도달했다. 아마도 이 면직물은 도중에 카이로, 누비아(이집트 남부와 수단에 위치한 지역), 아비시니아(현 에티오피아)의 상품 집산지를 경유한 다음 사하라 사막을 종단하는 대상에 합류해 육상으로 운송되었을 것이다.

요컨대 원나라 때 인도와 중국 사이의 해상 무역이 매우 활발했고 해상, 육상을 망라한 네트워크가 아프리카까지 뻗어나갔다. 그리고 그 중심에 무슬림 상인이 있었다. 게다가 다른 곳에서 온 상인들도 동시에 활약하고 있었다.

무슬림이 아닌 상인들

16세기에는 힌두교도인 구자라트 상인이 인도양 동부의 벵골 만 네트워크를 장악하고 동아프리카와 중동 사이의 무역을 확대해나갔다. 일본 연구진 야부시타 노부유키는 구자라트 상인의 활약에 대해 이렇게 설명하고 있다. "15~16세기에 구자라트 왕국이 인도 내륙의 정치·경제적 지배의 속박을 벗어나 독립했다. 이때는 유럽이 대항해 시대에 돌입하고 아시아에 자국의 상선을 보내 시장에 진입한 시기, 즉 세계사적 문맥에서 유럽과 아시아의 경제적 유대가 강화된 중요한 시기였다."

구자라트 상인은 말라카에 독자적 공동체를 구축했을 뿐만 아니라 지배자인 무슬림에게 항구 운영에 대한 의견을 전달하기도 했다. 이처럼 무슬림 이외에도 인도양과 동남아시아를 연결한 사람들이 있었다.

인도양 세계에는 이슬람이 아닌 다른 종교를 믿는 사람이 많았다. 야지마에 따르면 당시 인도양 세계 내 교류의 핵심이었던 인도 말라바르 해안에 무슬림 상인은 물론 시리아 정교도, 유대교도, 조로아스터교도, 힌두교도 등 다양한 종교를 믿는 사람들이 있었다고 한다. 이 시대 사람이면서 16세기 초 인도를 방문했던 토메 피레스는 이와 같은 종교적 다양성에 대해 이렇게 말했다. "(인도 서해안의 캘리컷 왕국은) 거래가 매우 왕성한 곳이며 말라바르, 클링, 체티 등 다양한 지방에서 온 이슬람교도와 이교도 상인이 있는 곳이다."

여기에서는 캄베이에 사는 포르투갈인 일부가 구자라트 상인을 대리했던 듯하다.

인도양은 다양한 종교와 종파에 속한 사람들이 모여 있어 이문화 간 교류가 왕성한 곳이었다. 따라서 포르투갈인 등의 기독교도도 비교적 쉽게 시장에 진출할 수 있었다. 그러나 한편으로는 이런 특징이 유럽인의 대두를 허용했고 아시아 시장을 쇠퇴하게 만든 것도 사실이다.

16~18세기 인도양 무역의 상황에 대해서는 의견이 갈린다. 아시아인이 아닌 포르투갈인이 주도권을 쥐었다고 주장하는 사람도 있고 오히려 인도 상인이 1500~1750년에 인도양에서 활약했다고 주장하는 사람도 있다. 둘 중 무엇이 맞는지는 쉽게 알 수 없지만 이 시기에 포르투갈인의 세력이 서서히 강해진 것만은 틀림없다. 아마 여기에는 포르투갈의 군사력과 포르투갈 상인이 가진 상업 네트워크의 힘이 작용했을 것이다.

바스쿠 다가마가 1498년 캘리컷(현 코지코드)에 도착한 것을 계기로 포르투갈이 인도를 침략했고 그 뒤를 네덜란드와 잉글랜드가 이었기 때문에 인도양이 유럽인의 바다가 되었다고 생각할지도 모르겠다. 하지만 그러는 중에도 인도인은 교역에 지속적으로 참여했다. 사실 유럽인이 아시아에 진출한 것은 중국 정부의 정책과 깊이 관련되어 있다.

15세기 초 영락제가 명나라를 통치할 당시만 해도 중국은 대외 정책에 적극적이었다. 환관이자 무슬림이었던 정화를 '보물선'으로 불리는 거대한 배에 태워 보냄으로써 아라비아 반도 원정에 나설 정도였으니 말이다. 그러나 1424년 영락제가 사망한 후 중국은 대외 진출을 완전히 중단했다. 급기야 1436년에는 대양 항해용 선박의 건조까지 중단하게 된다.

선박의 크기에서도 아시아는 유럽에 뒤처졌다. 포르투갈인이 인도양에 처음 도착했을 때만 해도 동남아시아 범선인 정크선이 보통 500~600톤이어서 포르투갈의 배보다 훨씬 컸는데, 무슨 이유에선지 1600년대부터 점차 소형화해 200톤을 넘는 것이 거의 사라진 탓에 유럽의 대형선에 대항하기 어려워진 것이다.

만약 바스쿠 다가마가 15세기 초에 인도양에 도착했다면 포르투갈이 아시아에서 영토를 확대하기가 쉽지 않았을 것이다. 중국이 거세게 저항했을 테니 말이다. 그러나 결국 포르투갈을 비롯한 유럽 국가들이 속속 아시아 시장에 진입해 이전에 아시아 상인이 운송하던 향신료 등을 자국의 선박으로 운송하기 시작했다. 인도양의 물류가 서서히 유럽 측으로 넘어가게 된 것이다.

제 4 장

바이킹이 한자동맹에
패배한 이유

중세에 북해와 발트해의 무역을 주도한 세력은 바이킹과 한자동맹이었다. 바이킹은 약탈자, 곧 해적이었다. 그들은 지금도 그런 이미지가 강하다. 그러나 요즘 연구자들은 상인으로서 바이킹의 면모를 강조하기 시작했다. 바이킹의 뒤를 한자동맹이 잇고 한자동맹의 뒤를 네덜란드 상인이 이었다. 이렇게 주도 세력이 바뀔 때마다 북해와 발트해의 상권은 안팎으로 성장했다.

상인으로서의 바이킹

고고학의 발달로 바이킹이 건설한 여러 도시의 유적이 발굴된 후부터 사람들은 바이킹을 상인으로 인식하기 시작했다. 스톡홀름에서 서쪽으로 약 29킬로미터 떨어진 벼르크외 섬의 비르카, 이윌란 반도의 뿌리 부분에 위치한 하데뷔(하이타부), 영국의 요크, 아이리시해의 더블린, 프랑스의 루앙 등이 바이킹의 도시적 집락이자 교역의 거점이었던 것으로 밝혀졌다.

바이킹은 대개 덴마크 바이킹을 의미하므로 서쪽으로 진출했던 바이킹에게만 관심이 집중되는 경향이 있다. 덴마크와 영국에 걸친 북해 제국을 건설한 크누트 1세[1]가 대표적이다. 그러나 동쪽으로 진출한 바이킹도 있었다. 스웨덴 바이킹으로 불리는 사람들이다. 스웨덴 바이킹은 이슬람 세계와 적극적으로 거래했으므로 전성기에는 중동과 중앙아시아의 은화를 동유럽과 북유럽에 수출했다. 이 거래는 볼가 강을 통해 이루어졌을 것으로 여겨진다.

이 밖에 비잔틴 제국과 교역한 바이킹도 있었다. 그들의 네트워크는 흑해와 카스피해까지 미쳤다.

바이킹의 후계자였던 한자동맹

한자동맹은 일반적으로 13세기경 북부 독일에 새로 탄생한 상업 공동체로 여겨진다. 그러나 이들은 바이킹의 상업 네트워크를 계승한

---

1) 재위 1016~1035년. 덴마크와 잉글랜드 왕 스웨인의 아들이며 북해 제국(앵글로 스칸디나비아 제국)을 일군 대왕이다. 데인족의 원시종교에서 기독교로 개종했고, 이후 경건한 기독교도가 되었으며 교회의 강력한 후원자 역할을 자처했다. 그러나 북해 제국은 그의 죽음과 함께 사라지고 말았다.

상업 공동체였을지도 모른다. 적어도 상권을 보면 한자가 바이킹의 뒤를 이었다고 말할 수 있다. 바이킹이 없었다면 북유럽 상권의 운명은 크게 달라졌을 것이다.

바이킹이 썼던 배는 클링커 이음[2] 방식을 채용한 길쭉한 배로 물에 얕게 잠기는 것이 특징이었다. 바이킹들은 이 롱십을 활용해 약탈이나 무역을 하다가 한자동맹이 대두한 뒤 코그선이 보급되자 점차 쇠퇴하기 시작했다. 키 작은 롱십은 훨씬 튼튼한 데다 선수에서 선미까지 성곽 같은 구조물이 있는 코그선을 이길 수 없었던 것이다.

코그선은 바닥이 평평한 배로, 자주 거칠어지는 북해보다 비교적 잔잔하고 얕은 프리슬란트(독일 및 네덜란드의 북해 연안) 근해나 슐레스비히(독일과 덴마크에 걸친 지역)의 피오르 해안에 적합했다. 그런데 한자동맹이 북해에서도 이 배를 쓰기 시작했다. 그 결과 13세기 초반에는 북해 해역에서도 정크선이 일반화된 듯하다.

14세기 초에는 남미의 조선 기술자가 외부재의 끝과 끝을 맞물려 고정시키는 독자적 기법(캐러벨 방식[3])과 코그선의 디자인을 혼합해 새로운 배를 개발했다. 키와 부피가 커진 이 배에는 삼각 돛이 아닌 네

---

2) 바다가 거친 북부 유럽에서 많이 쓰인 방식으로, 각 판재들을 서로 겹치게 해서 못을 박아 고정했다. 튼튼한 것이 장점. 13~15세기경에 일반적이었고, 16세기에 들어서도 캐럭과 갤리온이 보급되기 전까지 많이 쓰였다. 바이킹의 배는 클링커 이음이 만들어낸 유선을 따라 물을 가르는 효과가 있어 당대 어떠한 배보다 기동성이 좋았다고 한다.

3) 바다가 비교적 잔잔한 지중해 지역에서 주로 사용되었던 방식으로, 외판과 외판끼리 서로 맞대어 고정했다. 시공이 간편하고, 외관이 매끈하며, 품이 적게 들어 대형선을 만들기 편리하지만 내구성이 떨어지는 것이 단점이다. 16세기 들어 대형선에 속하는 캐럭선과 갤리온이 대중화되자 입지를 굳혔다.

모 돛이 걸렸다. 북해와 발트해에서는 이 배를 캐럭선이라고 불렀다.

발트해 무역과 한자동맹

흔히 '한자동맹'으로 알려진 북방 유럽 도시 상업 공동체의 독일어 명칭은 단순히 'Hansa'다. 이것은 '상인 무리'라는 의미일 뿐 '동맹'을 뜻하지 않는다. 즉 한자는 '동맹'이 아니라 도시의 상업 연합으로 평가되어야 한다. 최대 200개까지 되었다는 설이 있을 뿐, 여기에 속한 도시의 수조차 모호하기 때문이다. 그러나 총회가 기본적으로 뤼베크에서 개최된 것을 보면 이 상업 연합의 중심지가 뤼베크였던 것만은 확실하다. 당시 뤼베크는 북유럽 상품 유통의 중심지였다. 지금까지도 북해와 발트해에서는 생활필수품이 거래되었고 지중해에서는 사치품이 거래되었다고 말하는 사람이 많다. 그러나 서양 학계에서는 이런 견해를 부정한다. 어떤 지역에서든 두 가지 모두 거래되는 것이 당연하지 않은가.

발트해 및 북해의 무역은 12세기 이후 주로 뤼베크를 통해 이루어졌다. 더 구체적으로 말하자면 이 두 바다 사이의 상품 운송이 뤼베크와 함부르크 간의 육로를 통해 이루어진 것이다. 일부 구간에는 운하가 이용되기도 했다. 뤼베크에서는 밀랍, 동, 동물 기름, 피혁, 생

[지도 6] 뤼베크-함부르크 사이의 경로

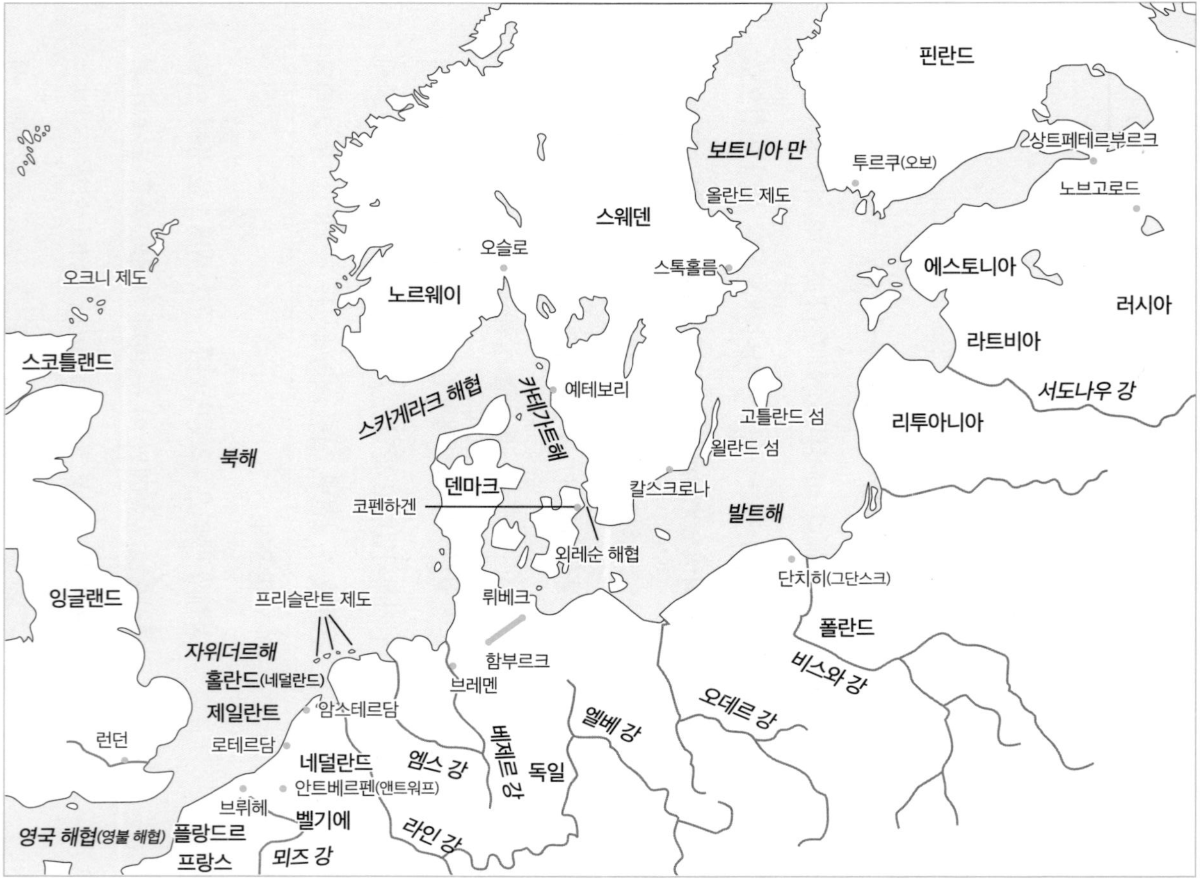

선 기름 등을 함부르크로 보냈고 함부르크에서는 모직물, 기름, 약재, 청어, 비누, 명반 등을 뤼베크로 보냈다.

62쪽 [표 2]는 한자동맹에 속한 도시가 교전[4] 중에 상품에 매긴 세금, 즉 '파운드 세'를 나타낸다. 한자 역사 연구자들은 이 말을 '관세'로 번역할 때가 많다. 그런데 이미 눈치챈 사람도 있겠지만 [표 2]의 원산지 란에는 뤼베크가 거의 등장하지 않는다. 따라서 이 세금은 '관세'라고 번역하기보다 '통행세' 내지 '통관세'라고 번역하는 것이 타당할 것이다. 이것은 무역 도시에서 상품이 수출(ex-port = 항구에서 밖으로)되거나 수입(im-port = 항구에서 안으로)될 때 부과된 세금이다. 즉 상품이 '항구'를 출입하는 데 매겨진 세금이다. 뤼베크를 통해 거래된 상품에 매겨진 것이니 관세라고 번역하면 이 세금의 본질을 오해하기 쉽다. 이 표를 보면, 적어도 이 대장이 작성되었을 때에는 뤼베크가 북해와 발트해 무역의 유통 거점이었음을 알 수 있다.

네덜란드의 대두

뤼베크가 유통 거점이었던 시대는 15세기 말로 끝났다. 이 무렵 네

---

4) 한자동맹은 이익을 놓고 영주나 국가와 충돌할 만큼 강력했다. 이 시기에 한자는 발트해 남서부 지역에서 덴마크 왕 발데마르와 충돌하고 있었다.

[표 2] 1368~1369년 뤼베크의 수출입 관세액

(단위: 1,000뤼베크마르크)

상품명	주요 원산지	수출	수입	총액
모직물	플랑드르	120.8	39.7	160.5
어류	스코네(스카니아)	64.7	6.1	70.8
소금	뤼네부르크		61.6	61.6
버터	스웨덴	19.2	6.8	26
가죽, 피혁	스웨덴, 리보니아(리프랜드)	13.3	3.7	17
곡물	프로이센	13	0.8	13.8
밀랍	프로이센, 리보니아	7.2	5.8	13
맥주	벤드족(독일인이 동방 개척에 나서기 전 엘베 강 유역 등에서 살던 서슬라브계 부족들의 총칭)의 도시들	4.1	1.9	6
동	스웨덴, 헝가리	2.2	2.4	4.6
철	스웨덴, 헝가리	2.4	2.2	4.6
기름	플랑드르	2.7	1.5	4.2
아마	리보니아, 북독일	0.4	3	3.4
각종 식료품		2.2	1.2	3.4
금은	?	0.7	2	2.7
포도주	라인 지방	1.3	0.9	2.2
아마포	베스트팔렌	0.2	1.1	1.3
각종 상품		39.9	16.6	56.5
계		294.3	157.3	451.6

출처: 다카하시 오사무 『한자 '동맹'의 역사-중세 유럽의 도시와 상업(ハンザ '同盟'の歴史―中世ヨーロッパの都市と商業)』, 113쪽

덜란드가 항해의 난관이었던 외레순 해협의 해상 경로를 개척하는 데 성공했기 때문이다. 그렇다고 육상 경로가 완전히 사라진 것은 아니었다. 육상 경로보다 해상 경로의 운송이 많아졌고 그 격차가 점점 더 확대되었다고 생각하면 된다. 실제로 몇몇 사료를 통해 18세기 이후에도 뤼베크-함부르크 경로가 활용된 것을 확인할 수 있다. 특히 사치품을 취급할 때는 운송비가 다소 비싸도 문제가 없었으므로 육상 경로가 종종 활용되었던 듯하다.

어쨌든 네덜란드가 항해 기술을 발전시켜 조류가 빠른 외레순 해협을 지나는 경로를 개척함으로써 발트해 무역의 주도권을 갖게 된 것은 확실하다. 항해 기술도 발전했지만 상품 운송량이 증가한 것도 육상 운송을 쇠퇴시킨 요인이었다. 특히 16세기 후반에서 17세기 전반까지 곡물이 발트해 지방에서 꾸준히 수출되었는데, 곡물은 부피가 커서 육상 운송에 적합하지 않았다. 이리하여 곡물이 지중해까지 운송되기 시작했다. 발트해 지방의 상품이 네덜란드 배로 지중해까지 보내진 것이다. 결국 발트해가 지중해를 삼켜버린 셈이다.

제 5 장

중국은
조공 무역 때문에
쇠퇴했다?

'초기 교역의 시대'

동남아시아 상업의 발전에 대해서는 뉴질랜드의 역사학자 앤서니 리드의 보고서를 참고할 수 있다. 리드는 동남아시아의 1450~1680년을 '교역의 시대'라고 불렀다. 그는 동남아시아의 상업사 연구에 큰 업적을 남겼다.

한편 리드의 영향을 받은 제프 웨이드는 900~1300년을 '초기 교역의 시대'로 명명했다. 리드가 '교역의 시대'로 정의한 시대 이전에 교역이 확대된 '초기' 시대가 있었다는 것이다. 웨이드는 8~11세기에 인도양과 아라비아 만뿐만 아니라 동남아시아도 이슬람화되었다고 지적한다. 참파(베트남에 건설된 왕국)와 중국, 남중국해, 동남아시아에도 무슬림 공동체가 생겨났다는 것이다.

실제로 11세기 후반 무렵에 아라비아의 사자가 동남아시아를 거쳐 중국을 방문하기도 했다. 중국의 해상 무역 거점이 광저우에서

[지도 7] 동남아시아

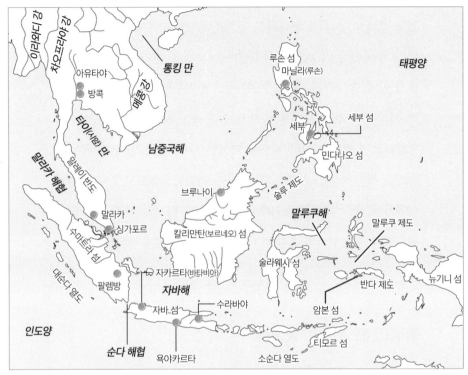

취안저우[1]로 이미 이동한 후였으므로 거기에도 금세 모스크가 들어섰다. 12~13세기 해상 무역의 선풍이 불 때에도 취안저우의 무슬림 세력이 강력했던 것이다.

---

1) 중국 푸젠성 중동부에 있는 도시. 송나라 때인 1087년에는 외국 무역을 통제·관리하는 시박사가 설치되어 '자이툰'이라는 이름으로 유럽에 알려졌다.

제3장에서 이미 말했다시피, 최근 인도에서 중국 동전이 발굴되기도 했다. 이 시기에 송나라의 동전은 동남아시아에 꾸준히 유입되었다. 중국인이 이 지역에 왕래했다는 사실은 이미 비교적 널리 알려져 있다. 송나라의 돈은 헤이안 시대 중기부터 일본에서도 사용되기 시작했다. 해상 무역을 축으로 삼은 하나의 시장이 아시아에서 형성되고 있었던 것이다. 리드에 따르면 1400~1462년에 말라카, 수마트라, 말루쿠 제도의 티도레 섬 등이 이슬람화했다고 한다. 이슬람 세력이 줄줄이 대두한 것이다. 또 브루나이, 마닐라, 참파 등도 이슬람화했다. 이슬람화의 흐름은 17세기 중반에 절정을 맞았다.

접점이 된 말라카와 류큐[2]

이슬람화가 진행되는 한편, 중국은 동남아시아의 최대 시장이 되었다. 14세기 후반부터 2세기 동안 인구가 크게 증가한 데다 명 황제인 영락제(재위 1402~1424년)가 무역을 목적으로 원정을 실시한 후로 동남아시아 생산품에 대한 중국의 수요가 매우 커졌기 때문이다.

---

2) 오키나와의 옛 지명. 류큐 왕국. 수도는 슈리. 동북아시아와 동남아시아를 잇는 해상로에 위치해 무역으로 발전했고, 중국은 물론 일본과 우리나라의 영향을 받아 독특한 문화를 이루었다. 그러나 약소국으로 오랫동안 중국에 조공을 바쳐야 했으며, 1609년에 침입한 일본 시마즈씨의 지배를 받는다. 1879년에 일본의 침략을 받아 450년간의 왕조를 끝내고 오키나와 현이 되었다.

따라서 동남아시아와 중국의 교역이 크게 활성화되었다. 그러나 영락제가 사망한 후 대외 진출이 완전히 중단되자 해운업의 발전이 멈추었고 중국은 아시아 해상 무역의 주역에서 물러나게 되었다.

15세기 말부터는 말라카가 중요해졌다. 말라카는 인도양의 다우선과 동남아시아의 정크선이 만나는 곳이라 해상 무역에 매우 중요한 곳이었다. 또 아랍인, 페르시아인, 인도네시아인 등이 모두 모였으므로 아시아 역내 교역의 중심지로 활약했다. 말라카에서는 쌀, 설탕, 어류와 면직물을 후추, 장뇌와 백단, 향신료, 중국제 자기, 견, 귀금속과 교환할 수 있었다.

당시 동남아시아와 북동아시아의 중요한 접점은 류큐였다. 류큐는 중국과의 조공 무역에 적극적이었을 뿐만 아니라 동남아시아 주요 무역항에 선박을 보내고 있었다. 또 1430~1442년 타이의 아유타야 왕조에 17회 이상, 수마트라 섬의 팔렘방에 8회, 자바에도 8회에 걸쳐 사자를 보냈다. 류큐는 중국이나 동남아시아와 마찬가지로 이때의 무역에 정크선을 활용했다. 류큐의 기세는 15세기 후반에서 16세기 전반에 걸쳐 정점에 달했다가 점차 쇠퇴했다. 이 시기의 류큐 세력이 동남아에 남양 일본인 마을[3]을 만든 듯하다.

동남아시아의 무역은 1400년경 몰루카 제도에서 향신료가 수출

---

3) 17세기 동남아시아 각지에 형성된 일본인 거류민의 마을.

되었을 때부터 발전하기 시작했다. 전성기는 1570~1630년이었다. 그러나 이후 세계 무역에서 동남아시아가 차지하는 비중은 축소되었고 나아가 네덜란드 동인도회사가 장거리 무역을 독점함으로써 동남아시아의 이익은 더욱 감소했다. 1680년대에는 '교역의 시대'가 끝났으므로 국제 무역에서 동남아시아의 중요성은 점점 줄어들었다.

그런 중에 말레이-자바 섬 항로에서 유럽 선박이 차차 눈에 띄기 시작했다. 네덜란드는 17세기 전반에 이미 아시아 역내 무역에 투입하는 선박 수를 약 네 배로 늘려놓았다. 결국 인도양과 말라바르 해안, 중국 그리고 특히 자바 섬에 유럽 배가 점차 늘어났다.

동남아시아와 인도양은 점점 더 일체화되었다. 늦어도 17세기가 끝나기 전에 인도양과 동남아시아는 하나의 상권으로 통합되어 육상 경로에서 합쳐졌다. 나중에 소개할 아르메니아인의 경로와 연결을 강화하려다 보니 유라시아 세계가 하나의 네트워크로 통합된 듯하다. 요컨대 근세의 상업 네트워크는 국가의 힘이 아닌 상인의 자율적 조직에 의해 확대·통합된 것이다.

조르지오 리엘로는 인도의 면이 동남아시아까지 운송되는 방식에 대해 다음과 같이 말했다. "육지와 바다는 면을 비롯한 다양한 상품의 무역에 있어 배타적인 관계가 아니라 상보적인 관계였다. 배에서 내려진 짐은 낙타에 실렸다. 물론 반대의 일도 일어났다. 두 번째로, 이것은 다양한 매개를 통한 무역이었다. 상인 한 명이 원래의 땅에서 아득히 먼 최종 소비지까지 상품을 운반하는 일은 극히 드물었다. 따라서 상품을 취급하는 사람이 도중에 몇 차례 바뀌게 마련이었다. 예를 들어 한 상인이 구자라트에서 몇 달 동안 말라카로 간다. 그런 다음 계절풍 때문에 이듬해 3월까지 기다렸다가 다시 구자라트로 돌아가는 식이었다."

여기에서는 면에 대해서만 이야기했지만 다른 상품이었어도 마찬가지였을 것이다. 바다와 육지는 서로를 배제하는 관계가 아니라 의존하는 관계였다고 생각해야 한다.

조공 무역 – 물류 시스템을 타국에 맡기다

제3장에서 명나라의 정화가 보물선이라고 불리는 큰 배에 탔다는 이야기를 했다. 그 배는 바스쿠 다가마가 포르투갈에서 타고 온 배보다 훨씬 컸다. 첫 항해 때는 배가 60척 이상, 선원이 2만 8,000명 정도나 되었다고 한다. 당시 유럽에서는 이만한 규모의 함대를 꾸릴 수 없었을 것이다. 중국의 해운력은 그 정도로 강력했다.

중국이 그런 대규모 함대를 일곱 차례나 보낸 목적은 밝혀지지 않았다. 그러나 어쨌든 영락제 사후 중국은 적극적인 대외 진출을 중단하고 안으로 틀어박혀버렸다. 전통적인 조공 무역 시스템으로 돌아간 것이다. 조공 무역이란 무역의 한 형태로, 중국 주변의 조공국이 조공품을 중국에 바치면 중국이 그 보답으로 하사품을 돌려주는 관행을 말한다. 중국의 왕조가 주변 '오랑캐'에게 은혜를 베푼다는 이념에 기초한 국제 관계가 이런 무역 형태를 가능케 했다.

조공 무역은 당나라 때 시작되었다. 중국 주변 나라들은 금, 은, 노예, 축산 원료를 중국에 보냈고 중국은 도자기, 견직물, 철기, 동기, 칠기, 서적 등을 하사했다. 이후 송나라 때에는 조공 무역 대신 민간 무역이 발달하기도 했다. 요, 금, 원나라에서도 민간 무역이 이루어졌다. 그러나 명의 초대 황제 홍무제(재위 1368~1398년)는 대외적으로 해금 정책[4]을 채택해 해외 무역을 중단시키고 대형선 건조를 금지했다. 3대 영락제 때 해외 무역을 다시 활발하게 전개하는가 싶더니 앞에서 말했다시피 영락제 사후 다시 해금 정책이 실시되었다. 한편 조공 무역은 계속되었다.

청나라 때도 이런 추세가 이어졌지만 스페인과도 활발히 교류하는 등 조공 무역의 비중은 명나라만큼 크지 않았다. 중국에서는 생사, 도자기, 차 등을 수출했고 스페인에서는 은을 수출했다. 그러나 앞서 말했듯 1757년부터는 광저우에서만 외국 무역을 할 수 있게 되었다. 애초에 조공 무역이란 중국이 이웃 나라보다 경제력이 압도

---

4) 명·청 두 왕조가 시행한 해상 교통, 무역, 어업 등에 대한 제한 정책.

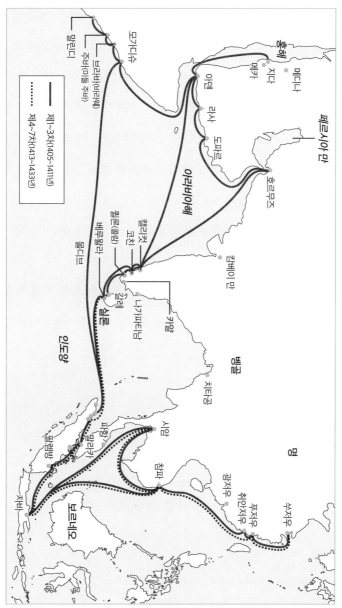

적으로 강했기 때문에 성립된 시스템이었다. 따라서 주변국이 조공하는 물건보다 중국이 하사하는 물건이 훨씬 가치 있었다. 그러나 시간이 지날수록 중국의 경제력은 약해져 갔다. 이웃 나라들이 자신들의 배로 조공품을 운반해도 아무 문제가 없었던 것 역시 중국이 세계에서 가장 풍요한 나라였기 때문이다. 그때의 중국은 자국 배를 써서 얻을 수 있는 이익 따위는 생각할 필요도 없을 만큼 부유한 나라였던 것이다.

한편 중국은 은으로 세금을 납부하는 나라였다. 명나라 때는 조세와 부역을 은으로 환산해 납부하도록 한 일조편법[5]이, 청나라 때는 토지세에 인두세를 포함시켜 은으로 납부하도록 한 지정은제[6]가 실시되었다. 그런데 그 은은 중국 국내에서 생산된 것이 아니라 외국에서 수입된 것이었다.

갈레온선, 신세계의 은을 중국으로 운반하다

16세기, 스페인이 중남미를 침략한 뒤로 소위 '신세계' 무역이 시작

---

5) 징세 업무를 간소화하고 조세 수입을 확보하기 위해 부역과 조세를 간단히 계산해 은으로 납부하게 한 조치.
6) 청대 옹정제 때 토지세에 부역세를 포함시켜 단일세로 납부하게 한 조치.

되었다. 1545년에는 볼리비아 고지에서 포토시 은광산이 발견되어 대량의 은이 채굴되기 시작했다. 유럽은 중국 무역에서 얻은 적자를 메우기 위해 여기에서 얻은 은을 중국으로 보냈다. 그 대량의 은을 중국으로 운반하는 데에는 갈레온선이 사용되었다.

은이 신세계에서 중국으로 운반되는 경로는 세 가지가 있었다. 제일 중요한 첫 번째 경로는 멕시코 서해안의 아카풀코와 필리핀 제도를 지나는 태평양 경로였다. 스페인은 자신들이 1571년에 건설한 도시인 필리핀 마닐라에서 비단과 은을 교환했다. 스페인으로서는 마닐라를 통하는 것이 아시아 시장에 진입하는 유일한 방법이었다. 유럽 외 세계의 무역이 포르투갈인과 네덜란드인의 손으로 차례차례 넘어갔기 때문이다. 이때 갈레온선이 쓰인 것은 태평양 무역이 시작되었다는 뜻이었다. 18세기 말에는 대량의 마닐라산 여송연이 아카풀코를 경유해 북미의 스페인령으로 수출되었다.

16세기 말부터 17세기 전반까지 아카풀코에서 마닐라로 수출된 물품은 대부분 밀수품이었으므로 그 양을 추산하기가 쉽지 않다. 그러나 1702년 멕시코 당국의 보고에 따르면 매년 14만 3,757킬로그램의 은이 수출되었다고 한다. 이 은이 중국의 비단, 도자기, 리넨 등과 교환된 것이다.

두 번째는 멕시코에서 파나마 지협을 거쳐 스페인의 세비야로 가는 경로인데, 이 경로로도 대량의 은이 포르투갈에 밀수되었다. 그

은과 함께 페루의 지금[7]이 아르헨티나의 부에노스아이레스를 거쳐 포르투갈의 리스본으로 밀수되기도 했다. 은은 여기에서 다시 출발해 희망봉을 거쳐 인도의 고아로 보내졌다. 이어 포르투갈인은 16세기 말에서 17세기 초반 사이에 그중 연간 6,000~3만 킬로그램의 은을 다시 마카오로 운반했다.

세 번째 경로는 신세계에서 출발한 은이 유럽과 동남아시아를 거쳐 중국으로 가는 경로였다. 즉 신세계에서 스페인의 세비야로 합법적 또는 비합법적으로 운반된 은이 런던과 암스테르담으로 보내지고, 그것이 다시 영국과 네덜란드 동인도회사의 배에 실려 동남아시아로 운반된 후 중국산 비단 및 도자기와 교환되는 경로였다.

최근 연구에 따르면 갈레온선이 매년 200만 페소의 은을 운송했다고 한다. 포르투갈령 인도, 네덜란드 동인도회사, 영국 동인도회사의 은 운송량 총계를 금액으로 환산한 것이 거의 200만 페소였으니 숫자가 잘 맞아떨어진다.

중국이 필요로 하는 은을 이처럼 스페인이 유통해주었다. 중국은 세금을 걷는 데 필요한 은의 운송을 스페인에 맡겼다. 믿기지 않을 정도로 물류 시스템을 얕본 것이다. 그런데 영국은 중국과 정반대의 자세를 취해 자국뿐만 아니라 유럽 전체의 물류에 영향력을 미침으

---

7) 地金. 원소 금속을 적당한 크기의 덩어리로 만든 것.

로써 결국 패권 국가가 될 수 있었다. 영국에 대해서는 제10장에서
자세히 설명할 것이다.

제 6 장

지중해가 쇠퇴하고
발트해와 북해가
번영한 이유

쇠퇴기에 접어든 이탈리아와 지중해

15세기의 이탈리아와 영국을 비교해보면 이탈리아의 경제적 미래가 훨씬 밝아 보인다. 당시 이탈리아는 동남아시아 말루쿠 제도의 향신료를 수입해 유럽 각지에 수출함으로써 막대한 이익을 얻고 있었기 때문이다. 또 같은 시기의 북해, 발트해와 지중해를 비교해보면 지중해의 무역이 훨씬 발전할 것처럼 보인다. 그러나 실제로 이탈리아 경제는 정체하고 북해, 발트해 경제는 발전한 결과 영국에서 산업혁명이 일어났다. 북해, 발트해 지방이 근대 유럽 세계의 주역이 된 것이다. 그 이유는 과연 무엇이었을까?

중근세 이탈리아에서는 도시화가 진행되었고 상업, 금융 기술이 발달했다. 은행이 탄생하고 복식 부기가 도입되었으며 보험업이 발달했다. 생각해보면 이런 나라가 세계 경제의 패권을 쥐는 것이 자연스럽지 않았을까? 그런데 이탈리아와 지중해가 쇠퇴한 이유는 무엇일까? 이 질문에 대한 합리적인 답을 생태계 문제 및 생태계와 밀접한 관계인 해운업, 그리고 물류 시스템에서 찾을 수 있다. 지금부터 그 해답을 구체적으로 알아보자.

지중해 소금을 수입한 발트해 지역

발트해는 지구의 북쪽에 위치한 바다로 중심 위도가 북위 58도다. 발트해 북단의 도시인 토르니오(현 핀란드)의 위도는 북위 65도다. 그래서 핀란드는 1년 내내 춥다. 일조 시간도 여름에는 길지만 겨울에는 매우 짧아서 동지 무렵에는 약 6시간밖에 되지 않는다. 또 바닷물이 증발하지 않아 염분 농도가 낮기 때문에 발트해 근처에 사는 사람들은 다른 지역에서 소금을 수입해야 한다. 한편 지중해는 물 유입량이 적은 데다 덥고 건조한 기후 때문에 바닷물이 끊임없이 증발하므로 염분 농도가 높다. 따라서 발트해와는 반대로 소금을 수출한다. 이처럼 발트해와 지중해는 기후가 크게 다르다. 그래서 각각 필요한 것을 서로 교환해왔다.

발트해는 사실 남북으로 긴 바다다. 발트해 북부에 위치하며 스웨덴과 핀란드에 둘러싸여 있는 보트니아 만의 길이가 600킬로미터를 넘기 때문이다. 근세 이후 이 지방 사람들은 보트니아 만에서 중요한 해운 자재인 타르를 생산했고 그것을 스톡홀름을 거쳐 서유럽 제국으로 수출하고 있었다. 또 발트해 연안에서는 밧줄에 사용되는 아마와 마, 해운 자재인 목재, 선박에 사용되는 닻과 못 등에 쓰이는 철을 생산해 서유럽으로 수출해왔다. 이것들은 서유럽의 해상 발전에 꼭 필요한 자재였다. 이처럼 발트해의 해운 자재와 지중해의 소금이 교환된 것은 자연 생태의 차이에 따른 필연적인 역사였다.

한편 지중해는 평균 수심이 1,500미터로 55미터인 발트해보다 훨씬 깊을 뿐만 아니라 면적 역시 약 250만 평방킬로미터로 약 42만 평방킬로미터인 발트해보다 훨씬 넓다. 즉 지중해는 대규모 무역을 전개하기에 적합한 바다였다. 그래서 앞서 말한 것처럼 고대 페니키아인이 이 바다에서 매우 광범위한 해상 네트워크를 구축한 것이다. 로마 제국과 비잔틴 제국이 광대한 영토를 보유할 수 있었던 것도 이처럼 광대한 지중해를 이용했기 때문이다. 그러나 이것은 한편으로 제국을 유지하는 데 막대한 비용이 든다는 뜻이기도 했다. 그래서 한 나라가 지중해를 오랫동안 지배하기란 매우 어려운 일이었다.

또 한 가지 알아두어야 할 것이 있다. 보통 지중해가 발트해보다 풍요롭다고 생각하기 쉽지만 생태학적으로는 꼭 그렇지만도 않다는 것이다. 지중해에서는 페니키아인의 뒤를 이어 고대 그리스인과 고대 로마인, 이탈리아 상인과 무슬림 상인 등 다양한 인종이 왕성하게 상업 활동을 펼쳤다. 그들은 배를 만들기 위해 삼림을 개간했고 수많은 산을 민둥산으로 만들었다. 또한 지중해 지역 사람들이 산속에 집을 지은 것을 자주 보게 되는데, 이것이야말로 환경 파괴를 상징하는 장면이다. 지중해에서는 삼림이 한 번 파괴된 후 다시 회복하는 일이 거의 없었다. 이에 비해 발트해 연안에는 지금도 삼림이 풍부하다. 거기에는 물론 상업 규모와 인구 밀도의 차이가 영향을 미쳤겠지만 두 지역의 생태학적 차이도 중요하다. 단순히 말해 발트해 지방에서 삼림이란 재생 가능한 자원이다. 지금도 핀란드 사람들이 자국의 주요 산업으로 임업을 꼽는 것이 그 증거다.

근세 이탈리아 경제 성장의 한계

로마 교황 인노켄티우스 3세의 호소에서 시작되고 베네치아[1]가 주도권을 잡은 제4차 십자군은 종교상 목표인 예루살렘이 아니라 상업적 경쟁 상대인 콘스탄티노플을 함락시킴으로써 상권을 확대했다. 이것을 보면 인노켄티우스 3세가 베네치아의 상업적 능력을 얼마나 중시했는지 알 수 있다.

베네치아는 오랫동안 제노바와 유럽 측 지중해 무역의 패권을 둘

---

1) 1797년 베네치아 공화국이 멸망한 뒤 오스트리아 땅이 되었다가 1866년에 최종적으로 이탈리아 땅이 되었다. 본문에 등장하는 제4차 십자군, 제노바 전쟁은 베네치아가 독립 공화국일 때 일어났다.

러싸고 다툰 끝에 결국 제노바를 물리치는 데 성공했다. 베네치아는 아시아의 향신료를 알렉산드리아로 가져갔다가 이탈리아로 보내고, 거기에서 다시 유럽 각지로 수출함으로써 거액의 이익을 챙겼다.

당시 베네치아의 국영 조선소에서는 수많은 선박이 만들어졌다. 또 이 도시국가는 동지중해 이곳저곳에 영토를 갖고 있었다. 심지어 이탈리아에서는 피렌체의 메디치가 등이 금융업을 경영했고 경우에 따라서는 국왕에게 돈을 빌려주기도 했다.

그런데 이탈리아와 그 주변국들은 정말로 선진적이었을까? 이탈리아에서 세계 최초로 은행업이 발달했다고 말하는 사람이 적지 않다. 1406년 제노바에 창설된 산조르조 은행이 세계 최초의 은행이라는 것이다. 그러나 이탈리아의 은행에서는 환전과 대출, 투자 기능이 크게 발달했을 뿐 오늘날 은행의 금융 중개 기능(개인에게서 받은 돈을 기업에 빌려주는 기능)은 거의 발달하지 않았다. 이 기능은 19세기가 되어서야 유럽에서 발달했다.

18세기에 들어서 영국에서도 비슷한 시스템이 등장했다. 중앙은행인 잉글랜드 은행이 국채를 발행하고 의회가 그 변제를 보증하는, 소위 '펀딩 시스템'이 등장한 것이다. 그러나 당시 도시국가에 불과했던 이탈리아에서는 그런 시스템을 구축할 수 없었다.

또 이탈리아는 다른 지역에 앞서서 해상 보험업을 도입한 것으로도 알려져 있다. 그러나 보험에 반드시 필요한 확률론이 도입되지 않았으므로 발전에는 한계가 있었다. 어떤 사고가 어느 정도의 비율로 일어날지 모른다면 진짜 보험업이라고 말할 수 없다. 당시 이탈리아 사람들은 보험을 들었을 때 생길 수 있는 현실적인 위험을 인지하지 못했던 것이다.

원래 중세의 회사란 일정한 목적을 위해 조직되었다가 사업이 종료되면 해산하는 조직이었다. 그러므로 확률론이 당시 이탈리아에 존재했다 해도, 보험회사의 사업이 영속할 것을 전제했다면 매우 유효했겠지만 영속화를 전제하지 않은 사업에는 그다지 쓸모가 없었을지도 모른다. 이탈리아에서 발달했던 보험업은 그 상태 그대로는 결코 근대적인 보험업이 될 수 없었다. 이탈리아 경제가 몰락한 지 상당히 오래된 19세기에야 드디어 확률론을 이용할 만한 수학적 지식이 보험업계에 뿌리내리기 시작했다. 이런 이유로 이탈리아의 은행업, 보험업에는 결정적 한계가 있었다. 따라서 중근세 이탈리아의 경제 시스템은 근대적 시스템으로 발전하기 어려웠다.

에너지 공급의 한계

게다가 이탈리아에는 생태적 한계가 있었다. 조선업 때문에 삼림을 개간한 것이다. 앞서 말했다시피 지중해 연안에서는 한 번 벌채한 삼림이 두 번 다시 회복되지 못했다. 그 결과 조선업과 해운업이 쇠퇴해 북유럽 같은 대규모 상선단을 보유할 수 없게 되었다. 16세기 내내 이탈리아에서는 대규모 벌채가 이어졌다. 그래서 베네치아는 목재뿐만 아니라 선체까지 외국에서 구입하게 되었다. 처음에는 완성된 배를 외국에서 구입하는 것을 정부가 법률로 금했지만 결국은 제도를 바꿀 수밖에 없었다. 그만큼 목재가 부족했기 때문이다.

에너지 공급에 있어서의 한계도 짚고 넘어가야겠다. 영국은 북해 연안의 덴마크(노르웨이), 독일, 네덜란드에 석탄을 수출했다. 영국이 북해 경제권의 에너지 공급원으로 기능한 것이다. 또 삼림 자원이 풍부한 발트해 지방에서도 대량의 목탄이 생산되었다. 반면 삼림 자원이 고갈된 지중해 경제권에서는 목탄을 조달하기가 어려웠다. 이탈리아는 지금도 석탄을 전혀 생산하지 못한다. 이탈리아의 경제 성장은 천연 자원의 고갈이라는 점에서 큰 한계가 있었다.

마지막으로 지중해에서는 오랫동안 노예가 노를 젓는 갤리선을 활용했다. 노잡이로는 죄수나 포로, 노예, 간혹 자유민까지도 동원되었다. 지중해의 상인이 이처럼 노동 집약적인 선박을 활용한 것은 그들이 향신료 같은 고가의 상품을 거래했고 임금수준이 낮았기 때문이다. 이탈리아의 해운업은 기본적으로 값싼 노동력으로 유지되었던 것이다. 다시 말해 이탈리아의 번영은 저렴한 노동력이 사라지면 끝날 운명에 처해 있었다.

지중해에 진출한 스웨덴 선박

근세 이후 영국, 네덜란드 등 북유럽 선박이 지중해에 속속 진출했다. 여기에서는 그중에서도 연구가 가장 활발히 진행된 스웨덴 선박에 대해 이야기해보자.

17세기 후반부터 지중해의 물품을 지중해 내의 다양한 항구로 운반하는 해운업이 발달했다. 이때 상인들은 아마도 페니키아인, 이탈리아인의 항로를 그대로 사용했을 것이다. 스웨덴의 서해안이나 스웨덴령 포메른(현 독일)에서 지중해로 출항한 배는 출발한 그해 안에 스웨덴으로 돌아왔지만, 스톡홀름이나 현재의 핀란드 땅에서 출항한 배는 6~8월에 출항했다가 이듬해 항해철이 되어서야 귀국하기도 했다. 또 스웨덴 선박은 마르세유와 이탈리아 북서해안의 리보르노 사이를 오가기도 했다.

88쪽에 제시한 [표 3]은 스톡홀름에서 프랑스의 지중해 측 대표 도시인 마르세유, 그리고 이탈리아 사르데냐의 칼리아리로 향한 서항선[덴마크와 스웨덴 사이에 있는 외레순 해협(89쪽 지도 참조)을 서쪽 방향으로 통과하는 배. 스톡홀름 수출선]의 수와 마르세유, 칼리아리에서 스톡홀름으로 출항한 동항선(외레순 해협을 동쪽으로 통과하는 배. 스톡홀름 수입선)의 수를 표시한 것이다.

우선 마르세유의 수치를 보면 스톡홀름의 서항선 수가 동항선

[표 3] 스톡홀름과 마르세유, 칼리아리를 왕래한 선박 수

		1760~ 1769년	1770~ 1779년	1780~ 1789년	1790~ 1799년	1800~ 1809년	1810~ 1815년
마르세유	서항선 수	15	85	111	22	16	6
	동항선 수	5	16	19	12	9	1
칼리아리	서항선 수	4	7	4	3	1	0
	동항선 수	174	199	132	67	36	1

출처: STR-Online

수를 웃도는 것을 알 수 있다. 즉 마르세유로 향한 선박 대부분이 스톡홀름으로 바로 귀항하지 않았다는 뜻이다. 다음으로 칼리아리의 수치를 보면 마르세유와는 반대로 서항선 수가 동항선 수를 크게 밑도는 것을 알 수 있다. 스톡홀름에서 마르세유로 간 배 대부분이 마르세유에 들른 후 지중해의 다른 해운 사업을 진행하다가 귀국했다는 뜻이다. 그중에는 칼리아리에서 스톡홀름으로 귀항한 배도 많았다.

스웨덴 상품을 싣고 출항한 배가 마르세유에 들러 짐을 내리고 와인과 브랜디 등 프랑스 상품을 다시 실어서 지중해 내의 다른 지

역으로 간 다음, 거기에서 다시 짐을 내리고 이탈리아산 소금을 실어 본국까지 운송한 사례도 있었다. 또 스톡홀름에서 마르세유로 보낸 철의 일부가 동방과 바르바리 제국(북아프리카) 등으로 재수출되기도 했다.

또 포르투갈로 갔던 스톡홀름 배가 그곳의 식민지 물건을 싣고 지중해로 귀항하기도 했다. 스톡홀름에서 마르세유로 갔던 배와 마찬가지로 지중해의 해운 사업을 진행하다가 돌아온 것이다. 아마 영국 배나 네덜란드 배도 비슷한 경로로 움직였을 것이다. 아직은 구체적인 연구 결과가 없지만 앞으로 연구가 더 진행되리라 생각한다.

어쨌든 지중해 내 물류의 주도권이 북유럽으로 넘어가자 이탈리아의 해운업은 급격히 쇠퇴한다. 그 후 이탈리아가 유럽의 대외 진출에 그다지 참여하지 못했던 것도 당연한 결과였다.

제 7 장

새로운
희망봉 경로는
아시아와 유럽의
관계를 어떻게
바꾸었나

1488년에는 포르투갈인 바르톨로뮤 디아스가 희망봉(현 남아프리카 공화국 케이프타운의 곳)에 도달했고, 1498년에는 바스쿠 다가마 일행이 이 희망봉을 돌아 인도 서해안의 캘리컷(현 코지코드)에 도달했다. 그 후에도 포르투갈인이 아시아에 차례차례 진출했다.

1503년에는 아폰수 드 알부케르크가 캘리컷을 공격했고, 1505년에는 프란시스쿠 드 알메이다가 인도의 초대 총독으로 부임해 탄자니아의 킬와를 식민지화하고 요새를 건설했다.

1509년에 알메이다가 디우 해전[1]으로 이슬람 맘루크 왕조의 함대를 격파한 후 포르투갈은 아라비아해를 본격적으로 지배하게 되었다. 이에 알부케르크는 1510년에 고아를 점령하고 견고한 요새를 건설했다. 이후 고아는 포르투갈의 인도 거점이 되었다. 그는 또한 1511년 말라카 왕국을 멸망시켜 포르투갈이 말루쿠 제도에서 쉽게

---

1) 아라비아해의 디우 부근에서 포르투갈과 이집트 맘루크 왕조 간에 일어난 해전. 포르투갈이 승리해 인도양의 제해권을 장악하게 된 매우 중요한 전투다.

[표 4] 동남아시아에서 유럽으로의 후추 수출량 추계

단위: 미터톤

시기	희망봉 경로	레반트 경로	합계	동남아시아에서
1379~1389년		62	150	0
1391~1399년		732	800	
1404~1405년		278(V)	500	0
1497~1498년		566(V)	800	100
1501~1506년	586	294	880	100
1517~1531년	1,174	125	1,300	300
1547~1548년	1,506	500	2,000	600
1560~1564년	1,200	1,500	2,700	1,300
1582~1590년	1,170	1,600	2,800	1,400
1621~1622년	2,718	300	3,000	1,800
1641~1653년	2,693(DE)	0	3,300	2,200
1670~1678년	5,528(DE)	0	6,000	4,000
1680~1686년	3,191(DE)	0	3,700	2,500

미터톤: 1,000킬로그램을 1톤으로 하는 중량 단위. 미터법에 기초한 무게 단위

V=베네치아 선박만, DE=네덜란드와 잉글랜드 선박만

출처: Anthony Reid, "An 'Age of Commerce' in Southeast Asian History", *Modern Asian Studies*, Vol. 24, No.1, p.16, Table 2

향신료를 수입할 수 있도록 만들었다. 이후 향신료 운송에는 희망봉 경로가 주로 활용되었고 홍해와 알렉산드리아를 거쳐 이탈리아로 가는 경로는 서서히 쇠퇴했다.

95쪽 [표 4]에는 16세기 후반 동남아시아에서 유럽으로 수출된 후추의 양이 나와 있다. 초기에는 레반트(지중해 동해안) 경로와 희망봉 경로 사이에 큰 차이가 없지만 1641년 이후에는 영국과 네덜란드의 동인도회사가 희망봉 경로만 활용하게 된 탓에 레반트 경로가 거의 소멸한 것을 알 수 있다.

유럽과 아시아의 경제력 역전

희망봉 경로가 개발된 후 이탈리아는 인도 및 동남아시아 무역에서 배제되었다. 이탈리아는 오스만 제국과의 무역을 계속했지만 동남아시아 무역에서는 거의 아무 역할도 못하게 된 것이다. 이것은 이탈리아가 아시아와 유럽이 이어진 광대한 무역 네트워크 속에서 그다지 큰 역할을 하지 못했다는 뜻이기도 하다.

오른쪽 [지도 10]을 보면 이탈리아가 향신료 무역의 극히 일부만을 담당했던 것을 알 수 있다. 이탈리아 경제는 유럽 내에서는 중요했을지 몰라도 유라시아 세계에서는 그다지 중요하지 않았다. 사실

이때까지는 유럽보다 오히려 오스만 제국과 아시아의 경제력이 강했다. 그러나 유럽이 아시아로 가는 해상 경로를 개척한 후 판세가 역전되기 시작했다.

포르투갈이 아시아에 진출한 것을 시작으로 네덜란드, 영국, 프랑스, 덴마크, 스웨덴 등이 동인도회사 등을 설립해 아시아 무역에 뛰어들었다. 처음에는 주로 아시아의 생산품이 수입되었으나 나중에는 인도의 차와 면 제품이 수입되었다. 이 과정에서 처음에는 아시아에서 유럽으로 이동하던 상품의 방향이 서서히 유럽에서 아시아쪽으로 역전되었다. 이 현상이야말로 유럽과 아시아의 경제력이 역전되었음을 시사하는 결정적 증거다.

[지도 10] 향신료의 수출 경로

개별적으로 아시아에 진출한 포르투갈 상인들

이전에는 유럽과 아시아의 접점이 이탈리아였지만 포르투갈이 대두한 이후로 구도가 흔들리기 시작했다. 전통적인 연구자들은 포르투갈 제국의 국가 주도형 발전 방식을 강조했다. 그러나 최근 연구자들은 대부분 상인들이 스스로 조직을 만들어 상권을 확대했다고 생각한다. 즉 국가가 대외로 진출한 것은 사실이지만 동시에 그것과는 관계없이 포르투갈 상인들 스스로가 조직을 만들어 유럽 외의 세계로 진출했다는 것이다.

포르투갈이 아시아에서 점령한 지역은 나중에 대부분 네덜란드령 또는 영국령이 되었다. 포르투갈 해양 제국이 쇠퇴했다고 지금까지 여겨져 왔던 것도 그 때문이다. 포르투갈은 아시아에서 극히 짧은 기간만 활약한 후 영국과 네덜란드 동인도회사에 의해 '쫓겨났다'고 여겨졌던 것이다.

그러나 포르투갈 상인들은 애초에 국가와 관계없이 아시아에 진출해 있었다. 그래서 나라가 영토를 빼앗겨도 포르투갈인은 상업 활동을 계속할 수 있었다. 이제는 많은 사람이 이런 견해를 지지한다. 실제로 페르시아 만에서 마카오에 이르는 지역에서는 19세기 초까지도 포르투갈어가 공용어로 쓰였다. 다시 말해 포르투갈인의 상업 활동은 포르투갈 제국이 쇠퇴한 후에도 계속되었다.

앞서 말했다시피, 16세기 인도양에서는 무슬림 상인과 함께 힌두교도인 구자라트 상인도 활약하고 있었다. 그런데 동남아시아에서도 이처럼 다양한 종교와 종파의 상인들이 공존하는 모습을 확인할 수 있다. 포르투갈 상인 역시 그 일부를 담당했을 것이다. 그리고 그때 만약 동남아시아에 포르투갈 상인이 없었다면 다른 유럽 국가도 그 지역에 진출하기 어려웠을 것이다.

동남아시아에는 세계 각지의 상인들이 뒤섞여 있었다. 우선 이슬람 상인이 있었는데 그들 대부분은 인도 출신이었다. 이슬람교도에게 멸망하기는 했지만 인도에는 힌두교 왕국인 마자파힛 왕국(1293~1520년경)이 있었고 불교 왕국도 있었기 때문에 그들이 동남아시아로 흘러들어온 것이다. 중국의 화교도 동남아시아로 왔다. 이런 상황이었으므로 포르투갈 상인이 시장에 진입하기가 비교적 수월했을 것이다. 적어도 아시아인이 지중해에 진출하는 것과는 비교할 수 없을 만큼 쉬운 일이었음에 틀림없다.

물론 공적 네트워크를 경시해서는 안 되지만 비공식 네트워크가 결정적인 역할을 담당했음을 잊지 말자. 포르투갈은 영국과 네덜란드의 동인도회사처럼 국가의 지원을 받는 거대한 회사를 소유하지 못했다. 그러나 포르투갈 상인은 신세계와 아시아를 자유롭게 오가며 무역 활동을 했다.

포르투갈이라는 국가가 서유럽 열강에 패배해 쇠퇴한 것은 사실이지만 그것은 포르투갈 상인에게 결정적 손해를 끼치지 못했다. 국가로서의 포르투갈은 향료 섬(말루쿠 제도)을 둘러싼 싸움에서 네덜란드에게 패배했지만 포르투갈인은 아시아인의 네트워크 속으로 깊이 스며들어 있었기 때문이다.

인도네시아 티모르 섬의 상황도 이와 비슷했다. 네덜란드가 인도네시아 전체에 강한 영향력을 끼치고 있는 와중에 티모르 섬에서만 영국 세력이 강한 복잡한 상황이었음에도 포르투갈의 대리인은 변함없이 활약했다. 그들은 각자 독립적으로 일하면서 무역 네트워크를 유지했다.

포르투갈 국왕이 무역을 독점했던 상품으로 향신료와 금과 은을 꼽을 수 있다. 그러나 향신료 무역에도 사무역 상인이 참여할 여지가 있었다. 포르투갈 왕실이 향신료의 60퍼센트를 취급했으므로 나머지 40퍼센트가 상인들의 몫이었던 것이다. 심지어 포르투갈인은 남중국해에서 득세하던 중국인과 일본인 왜구를 중개하기까지 했다.

포르투갈의 대외 진출을 도운 뉴크리스천

포르투갈은 1580년부터 1640년까지 스페인의 지배를 받았다. 그래서 이때 아시아에서는 이베리아 반도의 세력이 크게 확대되었다. 예수회의 활동은 물론이고 다양한 상업 활동에서 두 나라가 협력했기 때문이다.

당시 스페인이 통일된 후 기독교도로 전향한 뉴크리스천 집단이 포르투갈의 대외 진출을 도왔다. 사실 그들 대부분은 이전에 믿던 유대교를 그대로 믿고 있었다.

아시아의 뉴크리스천은 점점 더 활동 범위를 확대해나갔다. 포르투갈 국왕이 고아에서도 이단 심문을 실시했지만 인도를 포함한 아시아 외의 다른 포르투갈령에서도 뉴크리스천이 점점 늘어났다. 포르투갈 왕실의 권력과는 관계없이 자발적인 네트워크를 통해 이주한 사람이 많았기 때문이다. 많은 사람이 인도에 가면 본국에서보다 훨씬 부자가 될 수 있다는 믿음으로 바다를 건넜다. 그들 가운데에는 나중에 사무역 분야에서 활약할 뉴크리스천도 다수 포함되어 있었다.

아시아와 신세계를 연결한 포르투갈 상인

비교적 최근까지도 17세기 중반 이후 포르투갈 왕실이 아시아에서 브라질로 관심을 돌렸다고 생각하는 사람이 많았다. 그러나 실제로 포르투갈과 아시아의 유대는 그 후 오히려 강해졌다. 리마, 바이아,

포르토벨로, 카르타헤나, 세비야, 리스본, 암스테르담, 안트베르펜, 고아, 캘리컷, 말라카, 마닐라 등에 흩어져 살던 포르투갈인들이 친족 관계를 중심으로 하나의 네트워크를 형성했기 때문이다. 즉 이베리아 반도, 라틴아메리카, 아시아에 걸친 하나의 거대한 네트워크가 탄생한 것이다.

스페인과 합스부르크가의 지배하에 뉴크리스천의 무역망은 대서양으로 뻗어나가 브라질, 페루, 멕시코까지 미쳤다. 그리고 결국 포르투갈인이 사는 마카오와 마닐라의 네트워크와 합쳐지게 된다. 포르투갈의 뉴크리스천은 이처럼 유럽, 대서양, 아시아를 하나의 무역망으로 연결하는 데 크게 공헌했다. 또 1690년대에 브라질에서 금광이 발견되자 브라질-리스본 간의 무역이 활기를 띠기 시작했다. 포르투갈은 영국과의 무역에서 얻은 적자를 브라질에서 수입한 금으로 메웠다. 이렇게 영국으로 흘러들어간 금은 영국의 금본위제에 큰 도움을 주었다.

정부의 지시에 따라 1692년부터는 인도에서 출항한 모든 포르투갈 선박이 브라질 북동부의 바이아를 거쳐 리스본으로 귀국하게 되었다. 그리고 1697~1712년 사이에 리스본에서 아시아로 출항한 배 39척 중 22척이 바이아를 거쳐 리스본으로 돌아왔다. 이들은 브라질에 들러 아시아에서 구입한 인도산 면, 중국산 도자기와 비단을 금으로 교환했다.

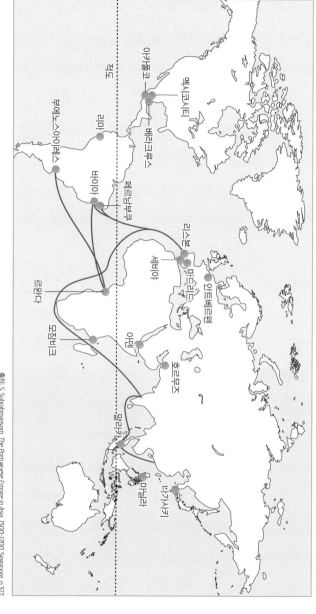

멕시코시티

아카풀코

베라크루스

적도

리마

부에노스아이레스

파나마

브라질

페르남부쿠

리스본

세비야

마드리드

안트베르펜

카르타헤나

은완다

아덴

호르무즈

말라카

마닐라

나가사키

출처: S. Subrahmanyam, The Portuguese Empire in Asia, 1500-1700, Singapore, p.327

또 포르투갈인은 1580년대까지 인도산 면을 북아프리카와 레반트에 보냈다. 서아프리카에서는 인도의 구자라트, 신드(현 파키스탄), 캄바트에서 구입한 품질 낮은 직물과 노예를 교환했다. 노예 무역에서 얻는 이익은 매우 컸다. 브라질에서는 서아프리카에서 구입한 가격의 다섯 배, 카리브해와 멕시코 시장에서는 여덟 배의 가격으로 노예를 팔 수 있었기 때문이다.

동남아시아에서는 면과 향신료를 교환했다. 또 서아프리카에서는 잉글랜드와 플랑드르의 리넨을 금이나 상아와 맞바꾸었다. 즉 유럽인이 16세기 후반부터 유럽과 아시아의 직물을 서아프리카까지 운송한 것이다.

이처럼 면을 매개 삼아 서양과 인도양, 동남아시아가 연결되었다. 그것은 아마도 느슨한 유대였겠지만, 그것이나마 포르투갈인 덕분에 실현되었음을 기억하기 바란다. 특히 중요한 점은 17세기 후반부터 18세기 사이에 아시아-브라질-아시아의 직접 교역이 포르투갈 국왕의 허가하에 이루어지게 되었다는 것이다.

포르투갈인은 브라질에서 금뿐만 아니라 아시아인이 좋아할 만한 물품들을 가져가서 판매했다. 예를 들어 마카오에서는 코담배와 설탕을 판매했다. 이런 교역 덕분에 포르투갈 상인은 18세기 이후에도 아시아와 대서양 무역에서 활약하며 아시아와 신세계를 연결하는 중요한 역할을 할 수 있었다. 반면 아시아 상인은 결코 희망봉을 넘어 유럽이나 대서양으로 진출하지 않았다. 그것이 유럽 상인과 아시아 상인의 결정적 차이였다.

제 8 장

동인도회사의 역할

영국과 네덜란드의 동인도회사

영국의 동인도회사는 1600년, 네덜란드의 동인도회사는 1602년에 설립되었다. 네덜란드에는 그전부터 동인도와 무역을 하는 회사가 몇 있었지만 영국에 대항하기 위해 정부가 그것들을 통합해 동인도 회사(정식 명칭은 연합 동인도회사)로 만들었다.

동인도는 유럽에서 너무 멀기 때문에 무언가 문제가 생겼을 때 본국의 의사를 꼬치꼬치 묻다 보면 때를 놓치기 쉽다. 그래서 회사를 일종의 국가처럼 만들어 군대를 보내 상업 활동을 보호하고 교역을 촉진할 필요가 있었다. 영국과 네덜란드의 동인도회사는 그런 배경에서 설립되었다. 두 회사는 군대를 보유했으며, 본국의 지령을 받는 한편 본국에 보고하지 않고 독자적 행동을 취할 수도 있었다.

요즘 서양 경제사학을 연구하는 사람들은 영국과 네덜란드 정부가 군사력으로 상업 활동을 장려한 것에 대해 본격적으로 연구하고 있다. 유명한 경제학 이론들은 완전경쟁 시장을 전제하므로 시장 구조를 어지럽히는 외부 세계의 방해를 고려하지 않는다. 그러나 현실 세계에서는 온갖 요소가 시장의 건전한 기능을 방해한다.

예를 들어 중세 유럽 상인은 거래를 위해 이동할 때 해적의 약탈 등으로부터 자신을 지키기 위해 누군가에게 경호를 의뢰하는 등 비용을 지불할 수밖에 없었다. 이런 지출을 '보호세'라 한다. 영국과 네덜란드 상인은 동인도회사의 보호를 받았으므로 보호세를 따로 지불할 필요 없이 안심하고 활동할 수 있었을 것이다. 이런 독창적 시스템이 영국과 네덜란드 동인도회사의 큰 특징이었다.

그런데 1623년에 네덜란드인이 영국 상관원을 살해한 암보이나 사건[1]이 일어났다. 이 일을 계기로 영국은 동남아시아에서 철수했으며 그 후 한동안 인도를 거점 삼아 아시아 무역을 전개했다. 네덜란드는 인도네시아, 영국은 인도를 중심으로 활동하게 된 것이다.

처음에는 유럽에서 아시아로 수출할 만한 것이 별로 없어서 영국, 네덜란드 이외의 나라는 아시아 교역에 참여하기 어려웠다. 그래서 영국과 네덜란드의 동인도회사가 아시아산 수입품을 독점하게 되었다. 17세기에 아시아는 유럽에 향신료 등을 수출했고 영국과 네덜란

---

1) 네덜란드령 동인도(현 인도네시아) 말루쿠 제도의 암보이나 섬(암본 섬)에 있는 잉글랜드의 길드 사무소를 네덜란드가 습격해 직원들을 모두 살해한 사건. 암본 사건 또는 암보이나 학살이라고 불린다. 향신료 무역을 둘러싼 영국 동인도회사와 네덜란드 공화국 간의 치열한 경쟁의 결과였으며, 17세기 후반까지 두 나라 간 긴장 관계의 근원으로 남았다.

드는 무기 등을 수출했다.

중세였다면 말루쿠 제도의 향신료를 인도양과 홍해를 거쳐 알렉산드리아로 보내고, 거기에서 이탈리아 상인이 이탈리아까지 운반해 유럽 전체에 보냈을 것이다. 그러나 1600년과 1602년 동인도회사가 생긴 덕분에 17세기 이후로는 유럽 선박이 아시아 무역까지 담당하게 되었다. 그 결과 아시아의 물류는 차례차례 유럽인의 손으로 넘어갔다. 그것은 결코 군사적 영향력 때문만은 아니었다.

혁신적이었던 영국과 네덜란드의 동인도회사

아시아에 처음 도착한 유럽인은 포르투갈인이었다. 그러나 포르투갈은 거대한 회사를 만들지도 않았고 국가 권력으로 상업 활동을 보호하지도 않았다. 그에 비해 영국과 네덜란드의 동인도회사는 거대한 회사 조직을 만들어 본국에서 멀리 떨어진 지역의 상업 활동을 보호했다는 점에서 분명 혁신적이었다.

그러나 영국과 네덜란드 동인도회사에는 그 외에도 두 가지 혁신적인 점이 있었다. 첫째, 사무역 상인의 활동을 통해 아시아 내 무역을 활성화했다는 점이다. 이것은 영국과 네덜란드가 아시아에 먼저 진출해 있던 포르투갈 상인과 적극적으로 협력했다는 뜻이다. 영국인이나 네덜란드인이 포르투갈 상인을 쫓아내는 일은 없었다. 국가의 경계를 넘은 상인 네트워크는 매우 강력했다. 둘째, 현지 상인, 그중에서도 아르메니아인의 육상·해상 무역망을 받아들여 더 큰 무역망을 형성했다는 점이다.

참고로 영국과 네덜란드 동인도회사의 직원은 아시아 내에서 회사에 속한 공적 무역이 아닌 사무역 활동에 종사할 수 있었다. 보통 사무역을 통해 공적 무역에서보다 더 많은 돈을 벌 수 있었으므로 이 점을 노려 영국과 네덜란드 동인도회사에 취직한 사람도 많았다. 어쩌면 사원들 대부분의 주된 목적이 그것이었을지도 모른다.

그들도 개인적으로 인도에 와서 무역을 할 능력은 있었을 것이다. 그러나 동인도회사가 희망봉 동쪽의 무역을 합법적으로 독점하고 있었으므로 그것을 인정할 필요도 있었다. 따라서 동인도회사 직원의 신분으로 아시아에서 독자적인 무역을 지속하는 편이 현명하다고 판단한 것이다. 그러나 포르투갈 상인은 처한 상황이 달랐다. 포르투갈에는 동인도회사가 없었으므로 개인이 아시아 내에 독자적 네트워크를 형성해야 했다.

18세기 네덜란드 동인도회사에는 약 2만 명의 직원이 있었는데 시간이 지날수록 네덜란드인이 아닌 독일인의 비율이 높아졌다. 당시 독일의 노동 환경이 매우 열악했기 때문에 동인도회사가 독일 빈민을 구제하는 기관의 역할을 하게 된 것이다. 많은 독일인이 동인도회사를 통해 인도네시아로 와서 일하다가 목숨을 잃었다. 얼핏 무모한 선택으로 보일 수 있지만 빈민들은 유럽에서도 장래가 불안하고 사망률이 높았으므로 그들 나름의 합리적인 선택이었다.

또 영국과 네덜란드의 동인도회사는 이처럼 아시아 무역을 독점했을 뿐만 아니라 식민지 통치에도 가담했다. 그러다 영국과의 경쟁에서 패배한 네덜란드 동인도회사가 18세기 말에 먼저 해산했다. 그리고 한참 뒤인 1857년에 영국 동인도회사도 해산하게 된다. 그 후로는 본국 정부가 인도를 직접 통치했다. 증기선과 전신이 발달한 덕분에 본국이 아시아를 직접 통치할 수 있게 되었던 것이다.

영국·네덜란드 동인도회사의 조직은 구멍투성이었다. 회사의 이념을 모든 직원에게 침투시킬 만큼 구조화하지도 못했다. 직원과 현지인이 손을 잡고 회사의 이익에 반하는 사업을 전개하는 경우도 허다했을 것이다. 본국의 명령을 어기는 일도 식은 죽 먹기였다. 회사의 명령을 준수하느냐 마느냐를 직원들이 자율적으로 정할 때가 많았기 때문이다. 국가의 힘이 여전히 약했던 것이다.

이런 상황에서 영국 동인도회사는 18세기 초부터 인도산 면직물인 캘리코[2]를 영국에 수출하기 시작했다. 인도산 캘리코는 서유럽에 널리 받아들여지게 되었다.

---

2) 가공된 평직물. 유럽에서는 17세기 이후 인도에서 수입된 각종 면직물을 '캘리코'로 통칭했다. 옥양목이라고도 한다.

아시아 내 포르투갈인의 중요성

포르투갈이라는 국가는 그리 강하지 않았지만 아시아 내 포르투갈 상인의 세력은 18세기까지도 여전했다. 그들은 18세기 중반까지도 인도네시아의 바타비아(현 자카르타)에서 향신료를 수입했다. 또 포르투갈령 마카오의 포르투갈인들은 인도 시장의 영국 동인도회사 및 영국인 사무역 상인과 국경을 초월해 밀접한 관계를 유지했다.

18세기 아시아 세계에서는 영국 동인도회사가 네덜란드 동인도회사를 차츰 대신하게 되었다. 포르투갈 상인은 그런 상황에서도 사무역 상인으로 살아남았다. 포르투갈인은 장사를 하기 위해 아시아의 대부업자를 활용했다. 아시아에서 장사를 하려면 그들의 자본이 꼭 필요했기 때문이다.

일본에서 포르투갈 상인이 보여준 모습과 모순되지만, 17~18세기 전반의 포르투갈 상인은 종교에 그다지 얽매이지 않고 활동했으므로 포교자로서의 역할은 크지 않았다. 따라서 그들은 중국 상인, 기타 유럽인, 나아가 아르메니아인과도 거래를 했다.

중국 내 포르투갈인의 상업 활동은 아시아 해상 무역의 발전에 크게 공헌했다. 그들은 중국과 일본을 연결하는 중간 상인으로도 활약했다. 일본과 신세계의 은을 마닐라를 거쳐 중국으로 보냄으로써 명나라 후기의 중국, 특히 광저우 무역에 큰 자극을 준 것이다.

포르투갈령 인도의 고아 등을 거친 마카오의 사무역 상인은 마닐라 시장과 인도 시장 사이의 접점이 되어주었다. 아시아 무역에 새로운 축이 생긴 셈이다.

포르투갈은 이처럼 아시아 교역에 큰 영향력을 미쳤다. 단, 장기적으로 보면 포르투갈 상인의 역할이 서서히 축소되면서 네덜란드 상인과 영국 상인의 세력이 확대되었을 것이다. 거기에는 유럽 국가들 간의 세력 변화가 그대로 반영되어 있었다. 그러나 포르투갈 같은 작은 나라로서는 아시아에서 자국 상인이 그만큼만 활약해주어도 충분한 시장을 얻을 수 있었을지 모른다. 즉 작은 나라만의 틈새시장 말이다.

한편 포르투갈 상인은 17세기 말이 되자 영국, 프랑스의 동인도 회사와 공동으로 무역을 했다. 두 회사는 상업적으로 포르투갈과 적대할 필요가 없었다.

포르투갈 상인은 국가의 의향과는 관계없이 개별적으로 해외에 진출했다. 예수회 같은 공적 조직이 포교 활동을 했던 것은 사실이지만 그와 동시에 종교에 얽매이지 않고 이윤을 추구하느라 아시아로 향했던 상인도 많았다. 후자는 아시아 구석구석까지 진출해 종파를 초월한 무역 활동을 전개했다.

아르메니아인과 영국 동인도회사의 협력 관계

아르메니아 왕국은 301년에 세계 최초로 기독교를 국교화한 것으로 알려져 있다. 현재 아르메니아 정교도는 약 500만 명으로 추정된다. 아르메니아의 영토는 오랜 역사를 거치는 동안 몇 번이나 크게 바뀌었다. 그러나 일반적으로 '아르메니아'의 영역으로 생각되는 곳은 서쪽으로는 소아시아의 고원, 동쪽으로는 이란 고원, 북쪽으로는 남코카서스의 평원, 남쪽과 남동쪽으로는 메소포타미아까지다.(116쪽 지도 참조)

이 지역은 아시아와 유럽을 육로로 오가는 거의 모든 사람이 반드시 지나야 하는 교통의 요충지였다. 따라서 많은 아르메니아인이 통역으로 활약했다. 또 아르메니아인과 거래하면 러시아에서 동남아시아까지 이어진 그들의 상업 네트워크를 이용할 수 있다는 이점이 있었다.

1606년에는 구졸파에 살던 15만 명 이상의 아르메니아인이 사파비 왕조[3]의 아바스 1세가 건설한 신졸파로 이주했다(제11장에서 상술).

아르메니아인은 나라 없는 민족이었지만 17세기 이후 이란의 신졸파를 근거지 삼아 육상 무역에서 활약했다. 16세기에 바스쿠 다

---

3) 16세기 초 페르시아에 수립된 튀르크족 국가. 이슬람의 페르시아 정복 이후 가장 큰 이란 제국을 건설했으며, 사산 왕조 다음으로 이란 전역을 통합한 왕조다.

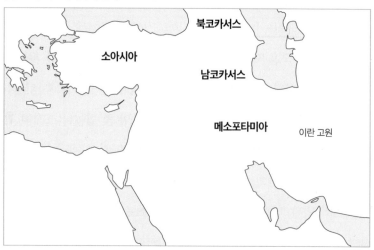

가마가 인도를 발견하고 인도양이 포르투갈인의 바다가 된 후로 육상 교역이 완전히 단절된 것처럼 생각하는 사람도 있지만 실제로 아르메니아인을 중심으로 한 육상 교역은 여전히 활발했다. 영국 동인도회사도 아르메니아 상인과 협력해 사파비 왕조와 거래했다. 현지의 언어, 관습, 통치 기구를 잘 아는 아르메니아인은 좋은 동업자였을 것이다.

영국 동인도회사는 아무리 거대하다 해도 하나의 회사 조직에 불과했다. 아르메니아인의 상업 조직 역시 거의 개인 사업과 다름없는 규모였지만 하나의 회사 조직에 가까웠다. 따라서 회사끼리 동업이 가능했던 것이다.

아르메니아인은 18세기까지 영국의 대리자가 되어 무굴 제국, 사파비 왕조와의 외교 및 금융 교섭에서 중요한 역할을 했다. 사실 유럽 국가들과의 거래를 발전시키기 위해서는 무슬림인 튀르크인보다 그리스인, 아르메니아인, 유대인이 훨씬 유리했을 것이다. 영국은 동남아시아에서 인도로 거점을 옮긴 덕분에 아르메니아인의 상업 네트워크를 이용할 수 있었다.

군사력보다 앞선 상인들의 힘

지금까지 말했다시피 인도양과 동남아시아에는 다양한 종파의 상인이 뒤섞여 있었는데, 그중에서도 세력이 가장 강했던 집단이 무슬림 상인이었다. 그러나 포르투갈 상인, 네덜란드 상인, 영국 상인이 차례차례 세력을 키우면서 인도양과 동남아시아 물류가 유럽 상인의 손에 들어가게 되었다. 따라서 17세기에는 네덜란드인이 동남아시아산 향신료를, 18세기에는 영국인이 인도산 면을 운송하게 되었다. 인도와 중국의 차도 유럽 선박으로 운송되었다.

동남아시아 내 무역에서도 유럽 선박의 비중이 높아졌다. 아시아의 물류 시스템이 완전히 유럽인의 손에 들어간 것이다. 그러나 그것은 유럽인과 아시아인이 서로 적대한 끝에 유럽인이 이겼기 때문에 일어난 변화가 아니었다.

유럽은 대항해 시대를 경험했으므로 아시아보다 항해 기술이 뛰어났을 것이다. 아시아인은 희망봉을 돌아 유럽까지 항해한 적이 없었지만 유럽인은 나침반을 써서 원거리를 항해했다. 게다가 중국이 해금 정책을 취함으로써 경쟁 상대를 없앤 것도 중국의 항해 기술 발전을 늦추는 데 한몫했다. 어쨌든 유럽이 우월한 군사 기술로 전쟁에 이겨 물류 시스템을 변혁한 것이 아니었다. 국가 권력과 관계없는 상인들 스스로가 물류 시스템을 변혁한 것이다.

제 9 장

네덜란드가 세계 최초의
패권 국가가 된 이유

발트해 무역은 네덜란드 무역의 어머니

'패권 국가'(또는 헤게모니 국가)란 역사학에서 종종 등장하는 말로, 보통 '가장 강력한 국가'라는 의미로 쓰인다. 경제 측면에서 보면 가장 강력한 경제력을 지닌 국가라는 뜻이다. 그런데 '가장 강력하다'는 것은 구체적으로 어떤 의미일까? 한 마디로 세계 경제의 규칙을 정할 수 있다는 뜻이다. 그런 의미에서 최초의 패권 국가는 네덜란드였다. 즉 당시에는 네덜란드의 거래 방식이 유럽 전체의 표준이었다. 어떤 국가든 네덜란드의 뜻을 거스르면 필요한 물자를 원활하게 공급받지 못하는 등 경제적으로 큰 손해를 입었다. 이전의 유럽에는 그렇게까지 강력한 국가가 없었다. 네덜란드는 유럽 이곳저곳으로 상품을 운송하는 사이에 유럽 물류의 중심으로 성장한 것이다.

그렇다면 네덜란드 경제에 가장 중요한 사업은 무엇이었을까? 그것은 발트해 지방의 해운업이었다. 네덜란드는 발트해 지방에서 수입한 곡물, 해운 자재를 유럽 각지로 운반해 막대한 이득을 얻음으로써 유럽 물류의 중심이 되었다. 네덜란드의 물류 시스템이 없었다면 당시 유럽 전체의 경제 활동이 상당히 둔해졌을 것이다.

사람은 곡물 없이 살 수 없다. 또 유럽 국가들은 발트해 지방의 해운 자재가 없었다면 선박을 만들어 다양한 지역에 진출할 수 없었을 것이다. 그러나 일반적으로 아시아와의 무역이 네덜란드 경제에 더 중요했다고 말하는 사람이 많다. 네덜란드가 아시아에서 향신료를 수입하고 무기를 수출한 것은 틀림없는 사실이다. 그러나 아시아와의 무역은 비용이 많이 들고 배가 자주 난파되어 위험성도 높았으므로 안정된 이익을 가져다주지 못했다. 그에 비해 발트해 지방과의 무역은 네덜란드에 확실한 이익을 가져다주었다. 그런 이유로 발트해 무역이 네덜란드 무역의 '어머니'로 불리게 되었다.

유럽의 인구 증가

지금은 비교적 널리 알려진 사실인데, 16세기 후반부터 17세기 중반에 걸쳐 유럽 전역의 인구가 급격히 증가했다. 그 탓에 농작물 가격이 공업 제품 가격보다 더 빨리 올랐다. 1500년경 8,100만 명이었던 유럽 인구는 1600년경에 약 1억 400만 명으로 늘어났다. 100년 사이에 대략 28퍼센트나 증가한 것이다. 요즘 감각으로는 그다지 급격한 증가로 느껴지지 않을지도 모르겠다. 그러나 식량 생산성이 매우 낮았던 근세에는 이 정도만 되어도 매우 급격한 증가세였다.

그러나 인구가 아무리 증가해도 식량 생산이 그만큼 증가한다면 가격이 오르지 않는다. 반면 공급이 정체되어 식량이 부족해지면 심각한 문제가 발생할 것이다. 금으로 환산한 유럽 전체의 밀 가격은 16세기 초부터 오르기 시작해 1600년경 정점을 찍었다. 은으로 환산한 지중해 지방의 곡물 가격 또한 1600년경 최고치를 기록했다. 정도의 차이는 있었지만 식량 부족이 유럽 전역에서 발생했다. 유감스럽게도 당시의 지역별 상황은 알 수 없다. 다만 지중해 국가들이 심각한 식량 부족 상태에 빠져 있었다는 것만은 확실하다.

그 원인은 무엇이었을까? 지중해 지방은 원래 식량을 자급자족할 수 있었지만 16세기 말부터 자급자족이 어려워졌기 때문이다. 심지어 오스만 제국마저 식량을 자급자족할 수 없게 되어 수입에 의존하고 있었다. 16세기 말이 되자 지중해 전역에 식량 부족이 발생했다. 그래서 당시 이탈리아 상인들은 외국 선박으로 외국의 곡물을 수입해야만 했다. 이탈리아의 무역 도시 제노바, 베네치아, 리보르노는 최대 곡물 수출국이었던 폴란드의 단치히(그단스크)와 정기적인 수입 계약을 맺었다.

이윽고 1570년경부터 지중해에 네덜란드 선박이 들어오기 시작했다. 당시 리보르노 항에 입항한 선박 수가 사료로 잘 남아 있다. 리보르노는 자유항이었으므로 외국 상인의 활동에 세금을 매기지 않았고 오히려 양질의 시설을 제공해 인기가 높았다. 그래서 16세기 말부터 이곳에 폴란드산으로 추측되는 곡물이 네덜란드 선박으로 수입되기 시작했다.

역사학자 크리스토프 글라만은 지중해의 식량 부족에 대해 이렇게 설명하고 있다. "16세기 후반 지중해 지방은 일부 필수품의 공급을 점차 외부에 의존하게 되었다. 이 시기에 서지중해의 식량 상황은 날로 악화되었다. 기근과 굶주림이 지중해 도시들을 덮쳤다." 그런데 이처럼 곡물을 수입하는 일조차 네덜란드 선박이 담당했으므로 발트해 지방뿐만 아니라 지중해의 물류까지 네덜란드의 손에 들어가게 되었던 것이다.

네덜란드를 패권 국가로 만든 곡물 운송 사업

인구가 늘어나자 도시의 규모가 커졌다. 126쪽 [표 5]를 보면 16세기 초에는 인구 4만 명 이상인 도시가 26개뿐이었지만 17세기가 되는 시점에는 42개, 17세기 말에는 47개로 늘어난 것을 알 수 있다. 또한 16세기 초에는 하나도 없었던 인구 20~40만 명 도시가 17세

[표 5] 인구 4만 명 이상의 유럽 도시 수

인구 수	16세기 초	16세기 말~17세기 초	17세기 말
40만 명 이상	0	0	3
20~40만 명	0	3	1
15~20만 명	3	3	1
10~15만 명	2	6	7
6~10만 명	5	10	14
4~6만 명	16	20	21

출처: J. Mols, "Population in Europe 1500-1700", in Carlo M. Cipolla (ed.), *The Fontana Economic History of Europe*, Vol. II: *Sixteenth and Seventeenth Centuries*, Glasgow, p.32f

기 초에는 3개나 되었다는 것도 알 수 있다. 심지어 17세기 말에는 인구 40만 명을 넘는 도시도 등장했다. 이처럼 도시를 비롯해 도시의 주민 수도 늘어났고 인구에서 차지하는 도시 주민의 비율도 점차 높아졌다. 따라서 농작물을 생산하지 않고 소비만 하는 사람이 많아지게 된다. 이런 변화는 경제에 어떤 영향을 미쳤을까?

단순히 대답하자면, 전 유럽의 도시 수와 도시 인구가 늘어났으므로 농작물 운송에 대한 요구도 늘어났을 것이다. 이 시대에 곡물의 운송 경로와 수단을 확보하는 일이 얼마나 중요했을지는 새삼 지적할 필요도 없다.

폴란드는 당시 발트해 지방의 경제적 중심이자 유럽 제일의 곡창이었다. 토양은 생산성이 낮았지만 당시 세력이 강했던 귀족층(슐라흐타)이 남는 곡물을 외국에 판매함으로써 막대한 이익을 얻고 있었으므로 곡물 생산과 수출에 적극적이었다. 1550년대부터 1660년대 서유럽인에게 폴란드의 곡물은 생존을 위해 꼭 필요한 식량이었다.

폴란드 곡물의 대부분은 외레순 해협을 지나는 배에 실려 암스테르담으로 보내졌다. 그리고 거기서 또다시 네덜란드 배에 실려 유럽 이곳저곳으로 운반되었다. 아마 암스테르담에서 곡물을 어디로 운반해야 하는지 지시해주었을 것이다. 그 일은 네덜란드 상인이 도맡았다. 이 무렵 네덜란드 선박이 유럽 선박에서 차지하는 비율이 절반에서 3분의 2쯤 되었다고 하니, 네덜란드는 이미 곡물뿐만 아니라 거의 모든 상품에 관한 유럽 물류의 중심이 되어 있었다.

네덜란드의 발트해 내 곡물 무역은 1540년부터 1650년 사이에 '확장의 시대'를 맞았다. 그때가 네덜란드 경제의 황금시대이기도 했다. 여기에 네덜란드 곡물 무역의 중요성을 단적으로 드러내는 글을 소개하겠다.

곡물 무역은 네덜란드 식량 공급과 노동 시장에 직접적인 영향을 미쳤다. 뿐만 아니라 네덜란드 국외에까지 영향을 미쳐 네덜란드 상인이 이익을 얻기 위해 다른 나라에 거액을 투자하게 되었다. ……

통상 곡물 무역의 이익률은 사치품 매매나 투자의 어마어마한 이익률과는 비교도 되지 않을 만큼 낮았다. 그러나 곡물 무역의 이익은 매년, 심지어 상인의 세대가 바뀐 후에도 꾸준히 챙길 수 있었다. 이 무역은 많은 투자자의 지갑을 불려주었다. 게다가 수백 년이라는 긴 세월 동안 변함없이 이어졌다. 곡물 무역의 영향은 온갖 부문에 미쳤다. 따라서 이것이 근세 네덜란드 경제의 근간을 마련했다고 말하는 것도 무리가 아니다.(밀야 판 틸호프 저, 『근세 무역의 탄생-네덜란드 무역의 어머니』 중에서)

유럽의 삼림 자원 고갈

지금까지 언급했다시피 인구 증가와 도시화로 유럽에 식량 위기가 발생했다. 인구 증가 현상은 에너지 공급원(공업용 원료 및 연료)인 삼림 자원까지 고갈시켰다. 인구가 증가한 탓에 에너지 소비량이 늘어나 유럽의 삼림 자원이 급격히 감소한 것이다. 1555년 이탈리아 롬바르디아를 예로 들어보면, 도시가 아닌 지역에서도 수목이 토지 전체에서 차지하는 비율이 9퍼센트를 넘지 못했다. 프랑스도 마찬가지다. 1500년경 전체의 33퍼센트를 차지했던 삼림이 1650년경에는 25퍼센트밖에 되지 않았다. 오래된 나무들이 속속 잘려나가 삼림의 질도 눈에 띄게 나빠졌다.

이탈리아의 해운업은 중세 후기에서 근세까지 눈부시게 발전했다. 그러나 이것 역시 해운 자재의 주요한 원료인 목재를 고갈시키는 결과를 가져왔다. 조선용 자재로는 앞에서 언급한 연료용 잡목이 아닌 떡갈나무 등이 쓰였는데, 16세기에 이미 베네치아에서 조선용 떡갈나무가 사라지고 있다는 한탄의 목소리가 들릴 정도였다. 베네치아 배후지[1]의 삼림 자원이 고갈된 후, 베네치아의 사설 조선업자들은 근린 지역에서 배를 만들기에 충분한 삼림 자원을 찾을 수 없게 되었다.

제6장에서도 말했다시피 지중해에서는 요즘도 산속에 집이 많은 것을 볼 수 있다. 이것은 일종의 자연 파괴이자 해운 자재를 생산할 삼림을 망가뜨리는 행위다.

17세기 말까지도 베네치아의 조선업은 회복되지 않았다. 조선 자재를 찾기가 점점 어려워지자 베네치아의 선박 건조 비용은 네 배로 뛰었고 베네치아 무역에서도 외국 선박의 비율이 높아졌다. 베네치아의 해운업은 위기에 빠졌다. 그 틈을 노려 북유럽 선박이 지중해로 차차 진입해왔다. 그중에서도 가장 눈에 많이 띄었던 배가 네덜란드 배였다.

---

1) 도시나 항구의 경제적 세력권에 포함되어 서로 밀접한 관계를 갖는 주변 지역.

곡물의 시대에서 원료의 시대로

폴란드는 16세기 후반부터 17세기 전반까지 발트해 경제의 중심이자 유럽 제일의 곡창이었다. 발트해 지방이 수출할 수 있었던 곡물의 양은 고작 75만 명 정도를 먹일 양에 불과했지만 지중해 지역에는 그것조차 매우 소중했다. 발트해 지방은 곡물뿐만 아니라 삼림 자원이 풍부해 16세기 후반 이후 유럽에 많은 목재를 공급했다. 또한 선박의 틈을 메우는 타르, 로프와 닻에 사용되는 아마와 마, 닻에 사용되는 철 등의 해운 자재도 공급했다. 발트해 지방의 삼림은 유럽의 대외적 확장을 위해 반드시 필요한 자원이었다.

폴란드 사학자 마리아 보구츠카에 따르면 1550년대부터 1660년대 사이의 서유럽 사람들은 폴란드 곡물 없이는 생존하기조차 어려웠다고 한다. 발트해 무역의 이와 같은 '곡물의 시대'는 17세기 중반까지 이어졌다. 1600년경부터 목재 가격이 곡물 가격보다 더 빨리 올랐지만 그래도 17세기 중반까지는 곡물이 제일 중요했기 때문이다. 다만 17세기 후반부터 18세기 사이에 서유럽과 남유럽의 식량 사정이 급속히 개선되어 발트해의 곡물에 대한 수요는 감소했다. 그 후로 '원료의 시대'가 시작되었다.

네덜란드가 유럽 최대의 경제대국이 될 수 있었던 것은 그들이 발트해의 곡물 운송과 해운 자재 운송을 도맡았기 때문이다.

발트해 무역에 쓰인 네덜란드제 '플라이트선'

1497년부터 1660년까지 40만 척 이상의 배가 외레순 해협을 지나다니며 발트해와 그 외 지역에 물자를 운반했다. 그중 약 60퍼센트가 네덜란드 배였다. 네덜란드가 발트해 무역에 사용한 선박은 플라이트선이라는 비무장 상선으로, 이전의 선박과는 비교도 되지 않을 만큼 운송비가 저렴했다. 그래서 많은 나라가 플라이트선에 운송을 의뢰했다. 플라이트선은 적재 공간이 거의 정사각형이어서 대량의 물건을 실을 수 있었던 데다가 선박 무게는 가벼웠다.

곡물의 시대가 끝나고 원료의 시대가 오자 발트해 무역에서는 네덜란드 선박이 줄어들기 시작했다. 1661~1780년에 외레순 해협을 지난 선박이 총 41만 3,000척이었는데 그중 네덜란드 배의 비율이 34퍼센트로 크게 낮아진 것이다.

그러나 네덜란드는 유럽의 대외 진출에 필요한 해운 자재를 여전히 여러 나라로 운반했다. 네덜란드의 물류 시스템이 없었다면 유럽은 외부 세계로 진출할 수 없었을 것이다. 유럽이 세계를 지배할 만큼 번성하게 된 데에 18세기 말 이전의 네덜란드 물류 시스템이 크게 공헌한 셈이다.

제 10 장

팍스 브리태니카가
실현된 이유

세계 최대 제국이 된 영국

네덜란드에 이어 세계사상 두 번째로 패권 국가가 된 나라는 영국이었다. 영국은 세계에 팍스 브리태니카[1](직역하면 '영국의 평화')를 가져왔다. 그러나 실제로 이 말은 영국이 가져온 평화가 아니라 영국이 빅토리아 여왕 시대(재위 1837~1901년)에 전 세계에 식민지를 가진 대제국이 된 것을 뜻할 때가 많다. 이때 영국은 [지도 13]에서처럼 대단히 광대한 식민지를 확보해 '해가 지지 않는 나라'가 되었다. 이 상징적인 말이야말로 팍스 브리태니카의 실상을 드러낸다.

영국은 세계 최대의 함대를 갖추어 팍스 브리태니카를 유지했다. 이 함대는 세계 평화를 유지하는 역할도 했다. 그러나 세계 평화는 군사력으로만 유지되는 것이 아니었다. 당시 영국의 세력 범위 안에

---

1) 19세기 대영 제국이 세계의 패권을 차지해 세력을 떨쳤던 황금기를 이르는 말.

는 영국의 식민지 및 자치령뿐만 아니라 정치적으로는 식민지가 아니면서 경제적으로 거의 식민지가 된 곳들까지 포함되어 있었다. 그 대표가 중국과 라틴아메리카(중남미)였다. 그들은 영국의 정치적 지배를 받는 식민지, 즉 '공식 제국'이 아니라 식민지가 아니면서도 실질적으로 영국의 지배를 받아들였다는 의미에서 '비공식 제국'으로 불린다. 다른 서양 제국들도 영국만큼은 아니지만 식민지를 많이 건

[지도 13] 19세기 말의 영국 제국 지도

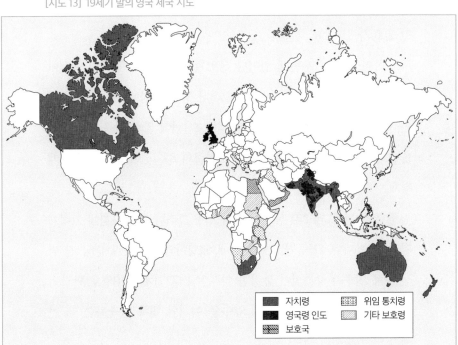

설했다. 거기에는 일본도 포함되었다. 그러나 '비공식 제국'은 영국에게만 있었다.

그 이유는 무엇이었을까? 영국이 세계 물류를 지배했기 때문이다. 팍스 브리태니카 시대에 영국은 전 세계에 함대뿐만 아니라 상선단을 파견해 영국 '제국'을 유지했다. 영국은 분명 세계 최대의 해군을 보유하고 있었다. 이것은 전 세계에 퍼져 있는 제국을 군사적으로 유지하는 데 불가결한 요소였다. 그러나 영국 제국이 군사력으로만 유지된 것은 결코 아니었다. 세계화가 진행된 19세기에 영국이 세계 최대의 상선단으로 전 세계의 물품을 운송했다는 사실에 주목할 필요가 있다.

영국이 18세기 후반에 일어난 산업혁명으로 세계 경제의 중심이 되었다고 생각하는 사람이 많다. 그러나 영국의 경제력이 강해진 것은 세계화가 상당히 진행되어 영국의 증기선이 많은 상품과 사람을 운송하게 된 19세기 후반의 일이다. 영국의 증기선이 없었다면 세계 경제는 제대로 기능하지 않았을 것이다.

영국은 세계 최고의 상품 운반자였다. 그러나 하루아침에 그렇게 된 것은 아니다. 그 증거로 1820년에 62일이었던 브라질-영국 간 범선 항해 일수가 증기선이 등장한 이후인 1872년에야 18일로 단축되었다는 것을 들 수 있다. 항해 일수를 이처럼 대폭 단축하는 데 반세기 이상이 걸린 것이다.

'가장 현명한 정책'이었던 항해법의 제정

사람들은 근세 유럽의 운송비가 극도로 비쌌기 때문에 중계 무역의 수입이 상당했다는 사실을 종종 간과한다. 이 사실은 아무리 강조해도 지나치지 않다. 그래서 몇몇 나라가 네덜란드의 운송료 수입을 제한하고 자국의 수입을 늘리기 위해 보호 해운업 정책을 채택했다. 특히 그중 한 나라는 운송비가 적게 드는 선박을 만들어 네덜란드가 쥐고 있던 유럽 물류 시스템의 주도권을 빼앗고 자국의 경제력을 강화하고자 했다.

그 나라가 바로 영국이다. 영국은 네덜란드를 지켜보면서 해운업을 지배하고 물류를 통제하는 것이 얼마나 중요한지 깨달았던 것이다. 영국은 네덜란드에 대항하기 위해 해운업 우선 정책을 채택해 성공시킨 유일한 나라였다. 앞서 말했다시피 영국이 세계 경제의 패권자가 될 수 있었던 이유를 산업혁명에서 찾는 사람이 많은데, 그 이전에 네덜란드 선박을 배제하는 데 성공한 것이 국력에 큰 영향을 미쳤음을 간과해선 안 된다.

영국은 1651년부터 몇 차례에 걸쳐 항해법을 제정했다. 이 법에 따라 영국이 수입하는 물품은 반드시 영국 선박에 실리게 되었다. 사실 영국은 이미 모든 수출품을 영국 선박에 싣고 있었다. 그러므로 수입에서만 네덜란드 선박을 배제한다면 영국 무역에서 네덜란드 세력을 완전히 쫓아낼 수 있는 셈이었다. 즉 영국 무역에서는 수출이든 수입이든 영국 선박만 사용하게 될 테니 영국과 해외의 물류가 전부 영국의 손아귀에 들어올 것이라고 생각한 것이다.

영국의 이런 정책은 장기적으로 보아 19세기의 제국주의를 성공으로 이끌었다. 영국 경제학의 창시자로 불리는 애덤 스미스도 "항해법은 역대 영국 정부가 펼친 가장 현명한 정책이었다."라고 말한 바 있다.

국가가 무역 활동을 관리하는 독특한 시스템

영국이 일찍부터 해운업의 중요성을 깨달았던 것은 아니다. 영국 해양사학의 권위자였던 랄프 데이비스에 따르면, 1560년까지도 영국의 해양 국가로서의 지위는 매우 낮았다. 네덜란드, 스페인, 포르투갈은 물론 함부르크, 뤼베크보다도 낮았다. 이랬던 영국이 국가 주도하에 해운업을 촉진하기 시작했다. 1651년 크롬웰이 항해법을 제정한 것이 변화의 계기가 되었던 것이다.

영국이 소유한 선박의 총 톤수는 1572년의 5만 톤에서 1788년 105만 5,000톤으로 늘어났다. 약 200년 만에 21배나 증가한 것이다. 농업을 제외한 영국 최대의 산업은 19세기 초까지 모직물 공업이었고 산업혁명 이후에는 면직물 공업이었다. 그러나 모직물 공업 전성 시대에도 해운업이 모직물 공업 다음으로 번성했다. 산업에서 차지하는 비중도 높았다. 그만큼 영국은 물류를 중시했던 나라다.

영국은 1660년에 일어난 왕정복고 이후 무역량-특히 유럽 외 세계와의 무역량-을 크게 늘렸다. 랄프 데이비스는 이것을 '상업 혁명'이라 불렀다. 그 과정에서 영국은 자국의 무역에서 네덜란드 선박을 조금씩 배제하고 자국의 선박을 쓰기 시작했다. 그 결과 머잖아 영국 이외의 무역에서도 영국 선박이 쓰이게 되었다. 영국이 세계 경제의 패권을 쥘 수 있었던 것은 그 때문이다.

영국은 대서양 무역뿐만 아니라 유럽 내 무역에서도 네덜란드 선박을 배제했다. 대서양 제국 및 유럽 내 무역권에서 국가가 무역 활동을 관리하는 시스템을 구축하는 데 유일하게 성공한 것이다. 이것은 그야말로 영국의 독자적인 성과였다. 사실 다른 나라들-프랑스, 스페인, 포르투갈 등-은 대서양 무역에서는 자국 선박을 쓰면서도 북해나 발트해 무역에서는 네덜란드 선박을 계속 이용했다.

영국은 자국의 선박을 이용함으로써 외국인, 그중에서도 네덜란드인에게 지불하는 운송료를 줄여 국제 수지를 크게 개선했다. 다시 말해 근세의 잉글랜드, 더 넓게 보아 영국은 보호 무역이 아닌 '보호 해운업 정책'을 쓴 것이다. 영국이 이 정책을 채택한 것은 타국과의 물류를 장악하기 위해서였다. 그 결과 20세기 초에는 톤수로 환산했을 때 영국 선박이 세계 선박의 약 절반을 차지하게 되었다. 이 영국 선박들이 전 세계의 상품을 운반했다.

최근 연구에 따르면 프랑스 혁명이 한창이던 18세기 말에 영국이 네덜란드를 제치고 유럽 최대의 해운 국가로 발돋움했다고 한다. 요컨대 제국주의 시대였던 19세기에 영국이 세계의 상품을 운송하는 국가, 즉 세계 물류를 지배하는 국가가 되었다는 뜻이다.

라틴아메리카를 오가는 정기편 운항

현재 라틴아메리카의 거의 모든 나라가 스페인어나 포르투갈어를 공용어로 쓴다. 그곳의 생산품은 나폴레옹 전쟁(1803~1815년)이 종결되기 전에는 주로 종주국인 스페인, 포르투갈로 수출되었고 전쟁이 끝난 후에는 주로 런던과 함부르크로 수출되었다. 이처럼 종주국과의 경제적 유대가 약해진 탓인지 스페인령 국가들이 하나둘씩 독립하기 시작했다.

이에 따라 영국은 라틴아메리카에 대한 투자액을 크게 늘렸다. 1826년에는 2,500만 파운드, 1895년에는 5억 5,000만 파운드, 1913년에는 11억 8,000만 파운드를 투자한 것이다. 투자처는 공채가 가장 많았고 그다음이 철도였다. 라틴아메리카의 철도를 거의 영국이 부설했다고 해도 과언이 아니다. 그 결과 라틴아메리카의 물류 전반이 영국의 관리를 받게 되었다. 영국은 라틴아메리카에서 소고기, 옥수수, 밀, 고무, 원면을 수입했으며 그것들을 재수출하기도 했다. 그 영향을 받아서인지 남미의 경제수준도 높아졌다. 그래서 남미로 가서 일하는 유럽인 노동자도 생겨났다.

1886년에 출간된 이탈리아 소설 『쿠오레』에 「엄마 찾아 삼만 리」라는 단편 동화가 삽입되어 있는데, 거기에서는 주인공 마르코의 어머니가 돈을 벌기 위해 아르헨티나로 간 것으로 되어 있다. 마르코는 열세 살이라는 어린 나이에 혼자서 어머니를 찾아 대서양을 횡단하고 아르헨티나까지 간다. 이 이야기를 통해 19세기 말에 대서양을 횡단하는 증기선 정기 항로가 있었음을 알 수 있다. 그 배에는 승객뿐만 아니라 화물도 실렸다. 또 정기 증기선 대부분은 영국 선박이었다. 영국 선박을 비롯한 증기선들은 세계의 일체화에 큰 역할을 담당했다. 그리고 동화에서처럼, 그 변화가 제노바에 사는 일반 서민의 생활에까지 영향을 미치게 되었다.

영국이 아시아 내 물류까지 담당하게 된 이유

청나라 시대의 중국은 1757년 이후 외국과의 무역 장소를 광저우

한 곳으로 한정했다. 그러나 1840년에 발발한 아편 전쟁을 종결시킨 난징 조약에 따라 1842년부터는 광저우 이외에 푸저우, 아모이(샤먼), 닝보, 상하이의 네 항구가 개항되었다. 그 결과 목조 범선인 정크선 사용이 줄어들고 중국과 시암 왕국(태국) 사이의 무역에서도 증기선이 사용되기 시작했다. 정크선은 20세기 이후에도 중국과 시암의 무역에 사용되었지만 더는 중요한 역할을 못하게 되었다.

중국에서는 원양 항해뿐만 아니라 연안 항해에서도 영국의 증기선을 주로 사용하기 시작했다. 1902년 한 해 동안 중국의 원양 항해에 쓰였던 증기선은 7,224척이었는데 그중 3,627척이 영국 선박이었다. 또 같은 해 연안 항해에 쓰인 증기선은 1만 9,749척이었고 그중 9,789척이 영국 선박이었다. 다만 상하이 북쪽의 항로에서는 19세기 말까지도 정크선이 사용되었다. 그러나 늦어도 1890년대 이후로는 영국 선박이 중국의 원양 항해와 연안 항해에서 독보적으로 활약하게 되었다. 중국 해상 무역의 물류가 영국의 손에 들어가게 된 것이다.

중국의 배는 유럽 증기선에 큰 영향을 받았다. 물론 그 중심은 영국 선박이었다. 정크선은 일반적으로 증기선보다 크기가 작았다. 게다가 어느 정도 속도가 나온다 해도 범선이어서 바람의 영향을 크게 받았으므로 항해에 규칙성이 없었다. 이에 중국도 증기선을 취급하는 해운회사를 육성하려 했지만 정부의 기업 경영 방식이 비효율적이어서 유럽과 미국의 해운회사를 따라잡을 수 없었다.

해운업이 발달함에 따라 중국뿐만 아니라 거의 모든 아시아 국가들의 상품, 그리고 이민자 대부분을 서양 선박, 그중에서도 영국 선박이 운송하게 되었다. 즉 아시아 내 물류까지 영국 선박이 담당하게 된 것이다.

일반적으로 그다지 알려지지 않은 일이지만 1850년대 중반에는 쾌속 클리퍼 범선이 최고의 인기를 끌었다. 그러나 클리퍼 범선은 증기선과 비슷할 만큼 속도가 빨랐지만 항해의 규칙성 측면에서 현저히 떨어졌다. 범선은 바람 없이는 항해할 수 없으며 풍향에 따라 항해 시간이 크게 달라지기 때문이다. 반면 증기선은 범선만큼 풍향에 좌우되지 않는다. 증기선은 특히 장거리 항해에서 범선을 완전히 대체했고 정기 항로를 점차 전 세계로 확대했다. 영국의 선박회사인 P&O의 배를 예로 들자면, 우선 실론 섬(스리랑카)까지 간 다음 거기에서 분기해 일부는 중국의 상하이, 푸저우로 가고 일부는 호주로 갔다. 이 정기 항로로 많은 사람과 화물이 이동했다.

이처럼 세계의 다양한 지역이 영국 선박의 정기 항로로 연결되었다. 또 대량의 상품이 그 항로로 운반되었다. 1900년경에는 세계 상선의 절반이 영국 선박이었다고 하니, 세계 물류에서 영국이 얼마나 강력한 영향력을 행사했을지 짐작할 수 있다.

세계의 공장이 아니라 세계의 운반자였던 영국

영국이라고 하면 '18세기 후반에 세계 최초로 산업혁명에 성공함으로써 세계의 공장으로 활약한 나라'라는 수식어를 떠올리는 사람이 많을 것이다. 그러나 1710~1910년 사이 영국의 무역 수지는 거의 적자였다. '세계의 공장'이라 불리며 면직물 공업을 발전시켜 세계 최초의 공업 국가가 된 영국이었지만 그 사실이 무역 수지에는 큰 도움이 되지 못했던 것이다. 그러나 19세기 후반부터 해운업으로 발생한 수입이 늘기 시작했다. 영국이 전 세계에 증기선을 보내 세계 물류에 막강한 영향력을 행사하는 데 성공했기 때문이다.

영국은 분명 산업혁명으로 세계를 변혁했다. 그러나 영국을 세계 최대 경제대국으로 만들고 팍스 브리태니카를 실현한 일등공신은 공업이 아닌 해운업이었다. 증기선을 개발해 세계의 상품을 운반함으로써 벌어들인 수익은 공업 제품의 수출로 얻은 수익을 크게 웃돌았다.

항해법이 발표된 후인 17~18세기에 영국은 자국과 무역 상대국 사이의 물류를 지배하게 되었고, 급기야 19세기 후반에는 세계 물류를 지배하게 되었다. 영국은 물류를 중시한 덕분에 패권 국가가 될 수 있었고 팍스 브리태니카를 실현할 수 있었던 것이다.

제 11 장

국가 없는 민족이
세계사를 바꾸다 1
- 아르메니아인

디아스포라의 정의

요즘 '디아스포라'라는 말이 상당히 널리 쓰인다. 이런저런 사람이 한꺼번에 살던 곳을 떠날 때 이 말을 사용하기도 한다. 화교가 그 대표적인 사례다. 그러나 화교의 이주를 표현하는 데에는 '디아스포라'보다 '이민(migration)'이라는 말이 적합하다. 그들은 종교적 이유로 이주를 강요당한 것이 아니기 때문이다. 아무래도 '디아스포라'라는 말이 널리 쓰이다 보니 정의가 모호해진 듯하다. 여기에서 디아스포라의 정확한 정의를 한 번 더 짚어보자.

'디아스포라'란 유대인이 예루살렘에서 추방당해 흩어진 일을 의미한다. 기원전 586년 신바빌로니아의 왕 네부카드네자르 2세가 유대인을 바빌론으로 강제 이주시켰다. 이 일을 '바빌론 유수'[1]라 한

---

1) 기원전 597~538년 이스라엘의 유다 왕국 사람들이 신바빌로니아의 바빌론으로 포로가 되어 이주한 사건.

다. 그 후 유대인은 이스라엘이 건국되기 전까지 아주 오랫동안 나라 없는 민족으로 살아야 했다.

이처럼 디아스포라라는 말에는 본질적으로 '종교적 박해' 때문에 일어난 '강제 이주'라는 의미가 포함되어 있다. 디아스포라와 종교적 박해의 관계는 내 전문 분야인 근세 유럽사에서도 반드시 다루게 되는 주제다. 종교 개혁에서 발단한 종교 전쟁으로 국왕, 영주 및 다른 종파의 신도들이 살던 곳에서 쫓겨나는 일이 있었기 때문이다. 근세 유럽에서는 프랑스의 위그노[2]가 그런 강제 이주의 쓰라림을 겪었다. 1685년에 프랑스 왕 루이 14세가 낭트 칙령을 폐지한 탓에 약 20만 명의 위그노가 프랑스에서 쫓겨난 것이다.

이 책에서는 디아스포라의 정의를 '자신의 의사가 아닌 종교적 이유 때문에 살던 곳에서 쫓겨나는 일'로 한정했다. 따라서 아프리카에서 흑인들이 강제로 노예선에 태워져 신세계로 이주한 사건 역시 종교적 박해와 관련이 없으므로 디아스포라가 아니다. 그런데 비교적 최근까지도 디아스포라 민족은 원래 거주지에서 외국으로 쫓겨난 사람들이므로 원래 거주지와의 유대가 상당히 약했다고 여겨져 왔다. 그러나 필립 D. 커틴의 『세계 무역의 역사(Cross-cultural trade

---

2) 16~17세기 프랑스의 칼뱅파 신교도. 변호사·의사·교수 등의 자유 직업인과 근로 농민이 많았으며, 1598년 낭트 칙령으로 신앙의 자유를 얻었다. 뒤에 리슐리외와 루이 14세의 억압을 받았으며 1685년 낭트 칙령이 폐지되자 국외로 도망하는 사람이 많았다.

in world history)』가 출간된 1984년부터 사람들의 사고방식이 달라졌다. 오히려 디아스포라 덕분에 그 민족의 네트워크가 광대해졌다고 생각하게 된 것이다.

중동 주변의 아시아에서 주로 활동한 아르메니아인, 그리고 대서양과 아시아에 걸친 광대한 상업 네트워크를 자랑했던 이베리아계 유대인 세파르디가 디아스포라 민족의 대표다. 이번 장에서는 그중 아르메니아인에 대해 이야기해볼 것이다.

아르메니아 역사 개요

아르메니아 왕국은 301년에 세계 최초로 기독교를 국교화한 것으로 알려져 있다. 아르메니아 정교회는 단성론(그리스도가 사람으로 태어나 단성뺴뺴, 즉 신성이 되었다는 교리. 인성과 신성이 독립적으로 존재했다는 양성론과 대립됨)을 채택했다고 알려져 있지만 사실 아르메니아인은 자신을 단성론파로 생각하지 않았다. 그리스도의 인성을 강조하지 않았을 뿐 그것을 완전히 무시하지는 않았기 때문이다.

앞서 말했다시피 아르메니아 왕국의 영토는 몇 차례 크게 바뀌었다. 아르메니아인이 사는 곳은 아시아와 유럽을 오가는 거의 모든 사람이 지나는 교통의 요충지였다. 아르메니아라는 나라가 몇 번이나 생겼다 사라진 것은 이런 지역에 모여 살았기 때문이다.

아르메니아 왕국이 처음으로 탄생한 것은 기원전 189~188년의 일이었다. 로마가 이때 아르타시아스 1세를 아르메니아 왕으로 인정했다. 그러나 이 왕국은 서기 10년경에 멸망해 파르티아인이 세운 아르케사스 왕조의 지배를 받다가 4세기 말에 다시 페르시아인이 세운 사산 왕조의 지배를 받게 되었다. 그러나 사람들은 아르메니아 정교회를 만드는 등 독자적 문화를 발전시켰다.

아르메니아인은 그 후에도 몇몇 왕조의 지배를 받다가 885년에 아쇼트 1세가 아르메니아 귀족의 추대를 받아 국왕으로 취임하면서 다시 국가를 이루었다. 이 나라는 비잔틴 제국과 아바스 왕조에게도 인정받았지만 1064년 셀주크 왕조에 의해 멸망했다. 1199년에는 아르메니아인인 레본(레오) 1세가 실리시아(길리기아) 왕국(소아르메니아)을 건국했다. 이 나라는 1375년까지 이어졌으며 그동안 아르메니아인은 교역의 민족으로 널리 알려지게 되었다. 그러나 이 왕국이 사라진 뒤로 아르메니아인은 오랫동안 고향, 즉 근거지가 없었다.

그런데 1606년에 사파비 왕조의 아바스 1세가 현재의 이란 중부 이스파한에 아르메니아인의 거주 지역인 신졸파[3]를 건설했다. 15만

---

3) 아바스 1세가 아르메니아 난민의 경제적 능력을 자국의 부흥에 활용하기 위해 수도 이스파한의 외곽에 건설한 도시. 예전 아르메니아 왕국의 수도였던 졸파(지금은 아제르바이잔의 땅)의 이름을 따서 '신졸파'로 명명되었다. 기독교도였던 아르메니아인은 이 자치구에서 자유롭게 생활할 수 있었다.

출처: Sebouh David Aslanian, *From the Indian Ocean to the Mediterranean: The Global Trade Networks of Armenian Merchants from New Julfa*, Berkeley, p.84 Map 3

명 이상의 아르메니아인이 구졸파에서 이곳으로 이주했다. 아르메니아인에게 고향이 생긴 것이다. 이때 이미 아르메니아인은 유라시아 대륙의 다양한 지역에서 상업에 종사하고 있었다. 그들의 거류지는 중동은 물론이고 유럽에까지 퍼져 있었다. 러시아의 거류지는 볼가 강 하류 지역의 아스트라한이었다.

동아시아에서 아르메니아인은 영국을 대리해 무굴 제국 및 사파

출처: Sebouh David Aslanian, *From the Indian Ocean to the Mediterranean: The Global Trade Networks of Armenian Merchants from New Julfa,* Berkeley, p.57, Map 1

비 왕조와 외교적·금융적 교섭을 진행했고 상업 분야의 통역으로도 활약했다고 전해진다. 이들은 17세기 무렵에는 신졸파를 거점으로 활동했다. 그 네트워크는 [지도 14]와 [지도 15]에서처럼 매우 넓었다. 아르메니아인은 오스만 제국의 시장에도 진출해 베네치아인과 제노바인에 버금가는 유력한 외국 상인으로 활약했다.

이란의 비단을 유럽으로 운송하다

아르메니아인은 16세기부터 비단 무역상으로 유명세를 떨쳤다. 근세 유럽에서 소비하는 비단의 생사 대부분이 카스피해 연안에서 생산되었으며, 그것이 이란 비단으로 직조되었다. 또 유럽에서 소비되는 비단은 생사로 환산해 연평균 20~25만 킬로그램에 달했는데, 그중 80퍼센트가 이란에서 아르메니아인들이 수입한 것이었다.

17세기의 이란은 러시아, 오스만 제국과의 무역에서는 흑자를 냈지만 인도와의 무역에서는 적자를 기록했다. 그로 인해 발생한 적자를 메우기 위해 러시아와 오스만 제국의 은을 인도로 보냈다. 그런데 아르메니아인의 중요한 상업 활동 중 하나가 은과 비단을 교환하는 것이었다. 따라서 그들은 유라시아 대륙의 은과 비단의 유통에 있어 매우 중요한 역할을 했다.

유럽 측 사료에 따르면 레반트 경로로 유럽에 수입된 물건의 연간 최대량은 1466년에 피렌체 갤리선으로 운반된 2만 킬로그램이었다. 단, 이것은 예외적으로 높은 수치였다. 그래도 이 수치는 16세기 후반에 점차 높아져 베네치아의 수입량만 연평균 12만 5,000킬로그램을 넘게 되었다.

[표 6]은 이스파한을 통과한 수출 물품의 총액을 나타낸 것이다. 이 표에 따르면 금액 기준으로 아르메니아인의 물품을 가장 많이 수

입한 나라가 프랑스, 그다음이 영국이다.

1660년대 이후에는 이즈미르의 뒤를 이어 알레포가 이란산 비단 수출의 거점이 되었고 프랑스의 뒤를 이어 영국이 최대 수입국이 되었다. 비단 무역량은 점점 더 늘어났다. 1675년에는 이즈미르 경로로 총 42만 2,000킬로그램의 비단이 이동했으며 영국이 그중 14만 6,000킬로그램을 수입했다. 아르메니아인은 이처럼 점차 확대된 이란, 유럽 사이의 비단 거래 중 운송 부분을 도맡았다.

[표 6] 이스파한을 거쳐 간 물품의 총액   단위: 피아스터

	1626년	1628년
프랑스	527,000	581,400
영국	358,100	481,700
베네치아	184,100	302,100
네덜란드	177,500	4,100
비유럽	10,500	19,500
합계	1,257,200	1,388,800

출처: Edmund M. Herzig, "The Volume of Iranian Raw Silk Exports in the Safavid Period", *Iranian Studies*, Vol. 25, No. 1/2, *The Carpets and Textiles of Iran: New Perspectives in Research*, p.68

볼가 강 경로가 다른 경로를 위협하다

아르메니아인의 러시아 무역은 아스트라한을 중심으로 이루어졌다. 데이터가 산발적이라 정확히 알 수 없지만 거래량은 17세기 말까지만 해도 그다지 많지 않았다. 그러나 졸파의 아르메니아인과 러시아 정부 사이에 상업 협약이 성립된 후로 무역량이 급격히 늘어났다.

러시아는 1676년에 아스트라한 경로를 이용해 4만 1,000킬로그램의 생사를 수입했다. 그리고 1712년에는 같은 경로로 4만 4,000킬로그램의 생사를 수입했다.

17세기 말 이후 러시아 경로로 대량의 비단이 수출되기 시작했다. 1700년에는 10만 킬로그램이 수출된 것으로 보인다. 또 볼가 강 경로가 개척되어 영국·네덜란드 동인도회사와 오스만 제국에 영향을 미쳤다. 이에 오스만 제국은 1721년 아르메니아인 비단 상인을 레반트 경로로 유도하기 위해 러시아 경로를 통해 들어온 물건에 5퍼센트의 세금을 부과했다. 러시아 경로가 자신들의 레반트 경로에 위협이 되었기 때문이다.

그럼에도 아르메니아인은 백해(러시아 북부 바렌츠해의 입구)[4] 연안의 아르한겔스크를 통해 대량의 비단을 수출했다. 그러나 1687년에는 아

---

4) 러시아 유럽권 북부, 바렌츠해 쪽으로 열려 있는 바다. 겨울에는 바다가 얼고 흰 눈으로 덮여 '백해'로 불리게 되었다.

[지도 16] 러시아와 레반트 지방

러시아

흑해

레반트 지방

지중해

르한겔스크마저 발트해 연안의 나르바에 밀려나고 말았다. 스웨덴 정부가 중계 무역의 중심을 백해에서 발트해로 이동시키는 정책을 펼쳤기 때문이다.

아르메니아 상인을 유치한 인도

인도는 17~18세기 국제 무역에 있어 매우 중요한 거점이었다. 인도 의 면 제품과 생사가 세계적인 품질을 갖춘 데다 가격 또한 저렴했 으므로 상품을 구입하려는 상인들이 아시아와 유럽의 다양한 지역에서 몰려왔기 때문이다.

인도 무굴 제국의 아크바르(재위 1556~1605년) 왕은 아르메니아 상인을 불러들였다. 그리하여 졸파의 상인들은 17세기 전반에 인도에서 가장 풍요한 지역인 뱅골에 정착하기 시작했다. 졸파 인도양 네트워크의 핵심을 담당한 항구 도시는 마드라스(현 첸나이)였다. 동남아시아의 마닐라, 멕시코의 아카풀코와 거래하는 졸파 상인들이 마드라스로 모여들었다. 아르메니아인은 자신들의 거류지인 뱅골을 거점 삼아 네덜란드 동인도회사와 무역 경쟁을 벌였다.

17세기 말이 되자 신졸파 아르메니아인의 대리인들이 인도 궁정에서 눈에 띄기 시작했다. 신졸파의 아르메니아인 공동체는 인도 아그라에 교회를 짓고 대상이 머물 여관을 사들였다. 그들은 인도양의 해상 무역에도 참여했고 17세기 후반~18세기에 봄베이, 마드라스, 콜카타(캘커타), 캘리컷에 상관을 건설하기도 했다. 그들은 육상과 해상으로 인도의 국경을 넘나들며 무역을 했다. 티베트에서는 귀금속 및 중국산 금을 인도의 섬유 제품, 호박, 진주와 교환했으며 아르메니아인 공동체를 세우기도 했다.

인도의 코로만델 해안에 거류했던 아르메니아인 역시 필리핀과의 무역에서 중요한 역할을 담당했다. 그 증거로 17세기 바타비아(자카르타)에 아르메니아인의 선박이 머물렀다는 기록이 남아 있다.

'동인도 무역'에 불가결한 존재였던 아르메니아인

이처럼 아르메니아 상인의 무역 경로는 매우 광대했다. 다만, 아르메니아인은 인구가 적었으므로 대규모 상단을 형성해 무역 활동을 펼치지는 못했을 것이다. 아마 소수의 상인이 이동하며 무역을 했을 것으로 보인다. 따라서 네트워크가 넓었다고 해서 상업에 종사하는 아르메니아인의 수를 과대평가해선 안 된다. 하지만 유감스럽게도 지금 그 수를 정확히 알 수는 없다.

그러나 아르메니아인이 유라시아 대륙의 광범위한 지역에서 비단 및 생사 무역상으로 활약한 것만은 확실하다. 큰 나라들은 이런 소수 민족의 상업적 능력을 높이 평가했으므로 그들의 대상 경로를 활용해 생사와 비단을 수출입하거나 은을 내고 그들의 상품을 구입했다.

아르메니아 상인의 존재는 오스만 제국과 무역으로 깊이 얽혀 있었던 유럽 국가들에게도 중요했다. 영국, 네덜란드, 프랑스, 덴마크 등은 동인도 무역을 하기 위해 아르메니아 상인과 협력했다. 19세기 후반 이후 증기선이 발달하고 무역항의 배후지가 더 넓어지자 아르메니아 상인의 역할은 축소되었다. 그럼에도 불구하고 그들의 네트워크는 여전히 중요했다.

제 12 장

국가 없는 민족이
세계사를 바꾸다 2
– 세파르디

세파르디는 어떤 민족인가

이슬람 세력이 처음으로 스페인을 침략한 것은 7세기의 일이었다. 그 후 스페인의 이슬람 세력은 점차 커져 한때 이베리아 반도의 대부분을 지배했다. 8세기 초에는 북부 아스투리아스 주만 기독교권으로 남았을 정도였다. 그러나 이후 레콩키스타(국토 회복 운동)가 일어나 이슬람교도들이 이베리아 반도에서 쫓겨나게 되었다. 레콩키스타가 끝나고 스페인이 통일된 1492년에는 이슬람교도와 함께 유대인들도 이베리아 반도에서 추방되었다. 이때 추방된 유대인을 세파르디라고 한다. 세파르디는 아르메니아인과 달리 고향이나 거점이 없는 디아스포라 민족이었다. 암스테르담에 가장 많이 살았을 것으로 여겨지지만 런던, 안트베르펜, 리보르노 등 여러 도시에 거류지가 있었고 핵심이 될 만한 거점은 없었다. 세파르디는 [지도 17]처럼 아르메니아인보다 훨씬 광범위한 지역으로 퍼져나갔다.

세파르디는 사탕수수로 설탕을 만드는 법을 카리브해에 전파하고 힌두교도로부터 다이아몬드를 수입했으며 지중해에서 산호를 수출하는 등 세계사상 중요한 역할을 했다. 지금까지 전해 내려오는 유대인의 다이아몬드 네트워크의 기초도 어쩌면 세파르디가 구축했을지 모른다. 이번 장에서는 세파르디의 네트워크가 어떻게 형성되었으며 그것이 세계 경제에 어떤 영향을 미쳤는지 살펴보고자 한다.

[지도 17] 세파르디의 거류지

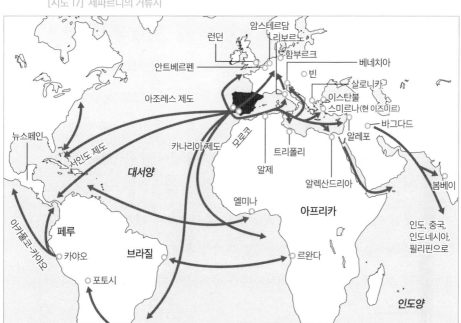

출처: Jonathan Israel "Empires", Ina Baghdiantz McCabe, Gelina Harlaftis and Ioanna Pepelasis Minoglou (eds.), *Diaspora Entrepreneurial Networks: Four Centuries of History*, New York, p.2

확산하는 세파르디

유대인은 레콩키스타가 끝나기 200년 전부터 서서히 감소해 1492년에는 스페인에서 공식적으로 완전히 사라졌다.

1478년 스페인 내 유대인 약 20만 명 중 10만 명 정도가 개종을 거부하고 포르투갈로 떠났다. 그러나 스페인 왕 페르난도뿐만 아니라 카스티야[1] 여왕 이사벨의 딸과 결혼한 포르투갈 왕 마누엘 역시 스페인과의 관계상 유대인을 받아들일 수 없어 11개월 안에 유대인들을 추방하겠다고 선언했다. 그러나 마누엘은 경제 분야에서 차지하고 있는 유대인의 중요성을 잘 알았으므로 그들을 어떻게든 국내에 남겨두려 했다. 그래서 1497년 3월 19일, 4~14세의 모든 아이에게 가톨릭 세례를 받을 것을 명령했다. 이때 기독교로 전향한 사람을 '뉴크리스천'이라고 부른다.

1500년대 초 뉴크리스천은 지금 벨기에 땅이 된 안트베르펜에 정착해 무역업을 시작했다. 그들은 스페인인, 포르투갈인과 협조했을 뿐만 아니라 스페인의 박해를 피해 북아프리카, 터키, 지중해의 다른 지역으로 도망한 가족들과도 경제적 유대를 유지했다. 또 스페인과 포르투갈의 지배를 피하자마자 유대교로 다시 개종했다. 세파르

---

1) 중세 유럽 이베리아 반도 중앙부에 있던 왕국. 레콩키스타에서 주도적 역할을 완수했으며, 훗날 아라곤 왕국과 통합해 통일 스페인 왕국의 핵심부가 되었다.

디는 1540년대에는 안트베르펜에서 비교적 자유롭게 지냈다. 그러나 스페인 국왕 펠리페 2세가 1585년 안트베르펜을 함락시켜 스페인령으로 만들자 다시 자유를 잃게 되었다.

그리하여 1579년 이후 세파르디로 추측되는 사람들이 이베리아반도와 스페인령 네덜란드[2]를 탈출해 네덜란드 공화국[3]으로 이주했다. 네덜란드인은 자신들 대부분이 기독교 개혁파에 속해 있었음에도 유대인을 박해하지 않았다. 유대인의 경제적 능력 때문이었다. 유대인들은 이처럼 17세기에 네덜란드 공화국에 받아들여졌으며 1639년에는 유대교 신앙이 공식적으로 허용되었다.

세파르디는 함부르크에도 거주했다. 16~17세기 함부르크에서 포르투갈계 이름이나 스페인계 이름을 썼던 사람들 중에는 세파르디가 섞여 있었을 것이다. 함부르크도 종교에 관용적이었으므로 거기에서 세파르디는 시민권까지는 취득하지 못했어도 활발한 상업 활동을 펼칠 수 있었다. 박해를 피해 일부러 함부르크를 찾아오는 세파르디 상인도 있었다. 이들은 17세기부터 18세기 전반까지 유럽 국가들이 해양 제국으로 발돋움하는 데 공헌했다. 그 대표 도시가 네덜란드의 암스테르담과 이탈리아의 리보르노였다.

---

2) 독립한 후부터 18세기 초까지 스페인의 지배를 받았던 남부 네덜란드. 오늘날의 벨기에·룩셈부르크에 해당한다.

3) 1581년과 1795년 사이에 존재한 유럽의 공화국.

카리브해에서 사탕수수를 재배하다

세파르디는 대서양 무역에서도 활약했다. 이들이 더 자유로운 상업 활동을 위해 대서양 무역에 진출하고, 더 나아가 신세계로 이주한 것은 틀림없는 사실이다.

브라질은 16세기에 포르투갈령이 되었으며 16세기 중반에 도입된 재식 농업 시스템으로 사탕수수를 재배하기 시작했다. 그 결과 16세기 말에는 브라질 북동부의 페르남부쿠와 바이아가 세계 최대의 설탕 생산지가 되었다. 둘 중 페르남부쿠는 17세기 초에 잠시 네덜란드령이 되었다가 1654년에 다시 포르투갈령이 되었다. 하지만 같은 해에 카리브해의 네덜란드령 식민지에서도 사탕수수가 재배되기 시작했다.

일반적으로는 이곳에서 네덜란드인 농장주가 노예를 활용해 사탕수수를 재배했다고 알려져 있지만, 실제로는 네덜란드인이 아닌 세파르디가 중요한 역할을 했던 것으로 보인다. 세파르디는 사탕수수 재배를 브라질에서 서인도 제도로 확대하고 네덜란드 해외 식민지 농장의 발전에 공헌했다. 브라질에서 탈출한 세파르디가 카리브해 일대에 정착했기 때문이다.

그들은 사탕수수를 재배하는 방법을 알았다. 그들 중 일부가 네덜란드, 영국, 프랑스의 식민지로 이주해 사탕수수 재배법을 전파한

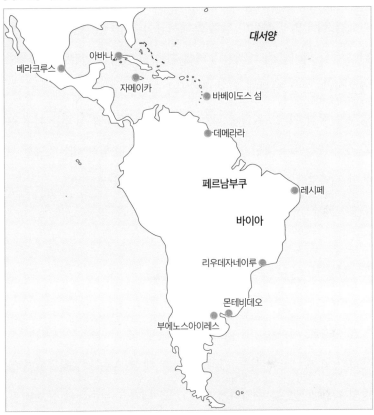

것이다. 한편 이들은 종종 자메이카 섬 등에서 '노예를 부리는 유대인'이라는 비판을 받았다. 당시 북미와 남미 카리브해 연안에서 유대인 공동체를 볼 수 있었는데, 이들은 기본적으로 자신의 네트워크를 통해 사탕수수 재배법을 신세계에 퍼뜨린 세파르디였다.

그러나 18세기 이후 대서양 무역에서 그들의 역할은 축소되기 시작했다. 각국의 군사력이 강해져 대서양이 전쟁터로 변했을 뿐만 아니라 유럽 국가들이 대서양 무역에 점점 더 깊이 개입하기 시작했기 때문이다. 그런 상황에서 국가로부터 독립된 존재였던 세파르디의 입지는 점점 위태로워지게 되었다. 게다가 신세계에 정착한 이후 유럽 상인들과의 유대도 점차 약해졌다. 국경을 초월한 네트워크를 보유한 세파르디의 레종 데트르(존재 이유)가 사라진 셈이었다.

지중해의 산호를 인도로 수출하다

그런 이유로 세파르디의 네트워크가 전체적으로 동쪽을 향하게 된 듯하다. 리보르노에 사는 세파르디가 원래 포르투갈이 취급했던 동방의 다이아몬드를 수입하게 되었고, 그 대가로 지중해의 산호를 동방으로 수출하기 시작했다. 역사학자 프란체스카 트리벨라토의 연구에 따르면, 리보르노의 세파르디는 인도의 힌두교도에게 지중해산 산호를 수출했고 힌두교도에게서 다이아몬드를 수입했다.

인도양에서의 유럽 무역이 증가할수록 지중해산 산호의 중요성이 커졌다. 애초에 유럽에서 아시아로 수출할 만한 상품이 거의 없었으므로 적산호의 수요가 매우 높았던 것이다. 다양한 산호가 희망봉 경로를 항해하는 포르투갈 선박에 실려 고아에 도착했다. 산호는 서아프리카에서 노예를 구입할 때 사용되었고 백해의 아르한겔스크까지 수출되기도 했다. 18세기 중반에는 리보르노가 산호 무역 및 제조에 있어 세계의 중심지가 되었다. 이처럼 산호의 채취에서 제조에 이르는 모든 과정이 한 도시로 집중되자 산호를 수출하는 비용이 대폭 줄어들었다.

반대로 인도는 역방향으로 다이아몬드를 수출했다. 인도 반도는 브라질(어쩌면 세파르디였을지도)이 1728년에 처음으로 다이아몬드를 수출하기 전까지 세계 다이아몬드 생산의 중심지였다. 그중에서도 가장 중요한 지역이 인도 중앙부의 골콘다였다. 따라서 포르투갈은 처음부터 이곳에 눈독을 들이고 있었다.

인도의 다이아몬드는 레반트[4]를 거쳐 유럽으로 운송되었다. 그리고 중세에는 인도의 다이아몬드 대부분이 베네치아에서 절단·연마되어 안트베르펜, 리스본, 파리로 보내졌다. 그래서 포르투갈과 베네치아는 다이아몬드 무역을 둘러싸고 서로 경쟁했다.

유대인은 오랫동안 다이아몬드 무역에 종사했다. 1660년대 이후에는 사무역을 하는 상인이 인도의 다이아몬드를 잉글랜드로 수출

---

4) 유럽에서 보아 동방의 나라라는 뜻으로, 넓게는 그리스·이집트까지 포함하는 지역을 가리킨다. 원래는 유럽·아시아·이집트를 연결하는 대상의 경로와 침공의 경로가 교차하는 지역으로, 중세 말기 이후 인도 항로가 열릴 때까지 동서 무역의 주무대였다.

하기 시작했다. 영국 동인도회사는 그 사무역 상인에게 돈을 빌려줌으로써 다이아몬드 무역을 계속할 수 있게 했으며 산호를 직접 인도에 수출하기도 했다.

세파르디는 다이아몬드를 세계 시장에서 거래하기 위한 몇 가지 조건을 갖추고 있었다. 비밀을 철저히 지켰고 협조성과 접근성, 통합성이 좋았으며 정보를 습득하는 능력도 뛰어났다. 또 장거리 무역에 대한 장기적 신용이 있었으며 무역 형태의 지리적 변화에도 적절히 대응했다. 게다가 가족 기업을 경영했으므로 따로 제자를 키우지 않아도 전문 지식을 계승할 수 있었다.

17~18세기에는 마르세유와 제노바를 대신해 리보르노가 산호 무역 및 제조의 중심으로 떠올랐고 안트베르펜을 대신해 암스테르담이 다이아몬드 절단 및 연마의 중심으로 떠올랐다. 세파르디는 다이아몬드 산업을 통제하는 동시에 인구가 많아진 동유럽계 유대인, 즉 아슈케나지 피난민을 고용했다. 세파르디-이탈리아인-힌두교도가 연합해 세계적 규모의 상업 네트워크를 형성한 것이다.

아르메니아인의 네트워크와 비교한다면

세파르디의 네트워크는 더욱 유연하고 넓어져 근세의 강대국, 즉 오스만 제국, 베네치아, 포르투갈, 스페인, 네덜란드, 영국, 프랑스까지 뻗어나갔다. 네트워크 규모는 아르메니아인과 비슷했지만 둘 사이에는 커다란 차이점이 있었다. 첫째, 세파르디의 활동은 처음부터 인도양이 아닌 대서양을 중심으로 이루어졌다. 둘째, 세파르디는 하나로 정해진 거점이 없어 수많은 거점을 연결하는 형태로 네트워크가 구축되었다. 거점으로는 리스본, 암스테르담, 리보르노, 함부르크, 런던, 살로니카, 이스탄불 등이 있었다. 이들은 이처럼 특정한 거점이 없었기 때문에 돌발 상황이 일어나도 심각한 위기를 피할 수 있었다. 또 네트워크는 해상 경로를 통해 발전해나갔다.

세파르디의 세계 무역 활동은 17세기 후반에서 18세기 전반 사이에 전성기를 맞았다. 그때의 중심지가 리보르노와 암스테르담이었다. 이에 비해 런던은 그다지 중요하지 않았다. 런던은 세파르디와 마드라스가 산호와 다이아몬드를 교환하기 위해 중요한 도시였다. 영국 동인도회사의 독점권이 다이아몬드까지는 미치지 않았기 때문이다. 런던 세파르디는 교환 활동을 하면서 리보르노 세파르디에게 도움을 요청하기도 했다.

이처럼 광대한 네트워크를 보유한 세파르디는 유라시아와 아메리카의 물류에 있어 매우 중요한 존재였다.

제 13 장

영국의 '차 문화'는
어떻게 생겨났을까

'중국어'라는 벽

1757년 이후 청나라의 외국 무역은 공적으로는 광저우 한 곳에서만 이루어지게 되었다. 그 외 민간 부문의 무역은 여전히 다른 항구들에서 이루어지고 있었으므로 광저우는 외국 무역의 유일한 '공식' 창구였다고 할 수 있다. 그러면 광저우의 무역은 실제로 어떻게 진행되었을까?

스웨덴의 역사학자 리사 헬만에 따르면, 중국 정부는 광저우에 통역관 네 명을 보냈을 뿐이었다. 하지만 광저우의 무역량이 늘어나자 통역관이 조수를 채용할 수밖에 없었다. 영국 상인 찰스 프레드릭 노블은 이때의 상황에 대해 "중국 상인 중 외국어를 할 줄 아는 사람은 거의 없었다. 대신 그들이 영어나 포르투갈어를 할 줄 아는 사람을 고용했으므로 프랑스인, 네덜란드인, 덴마크인은 영어나 포르투갈어를 배워야 했다."라고 설명하고 있다.

상인은 자신이 아는 것을 전부 통역관에게 전달했으며 통역관은 모든 상품의 가격과 양을 기록했다. 즉 중국인 통역관이 정보를 지속적으로 장악하는 유리한 위치에 있었던 것이다. 그들은 일부러 중국 정부에 유리한 방향으로 통역을 틀리기도 했다. 유럽인에게 중국어는 지극히 어려운 언어였으므로 '중국인이 유럽의 언어를 구사한다면 얼마나 좋을까'라고 생각한 유럽 상인도 많았을 것이다. 그래서 중국 상인과 유럽 상인은 통역관의 간섭 없이 직접 소통하기 위해 공통 언어를 만들어냈다. 그것은 중국어와 말레이어, 포르투갈어, 영어 등이 뒤섞인 인공 언어였다. 이처럼 상업 활동에 있어 중국 정부와 중국 상인의 이해가 항상 일치했던 것은 아니다. 국가의 통제를 벗어난 이런 상업 활동이 18세기 중반까지도 이어졌다.

청나라의 유일한 외국 무역항이 되기 전부터 광저우에서는 유럽으로의 차 수출이 이루어지고 있었다. 그러나 유럽에서 차를 대량으로 소비하는 나라는 영국뿐이었다. 러시아인도 차를 즐겨 마시기는 했지만 18세기에는 소비량이 그다지 많지 않았던 듯하다. 그런데 영국 동인도회사가 영국과 중국의 무역을 독점하고 있었다. 그래서 이론적으로는 광저우에서 유럽으로 수출되는 차가 전부 영국 선박에 실리는 것이 자연스러웠을 것이다. 그러나 실제로는 차를 수출할 때 다른 나라의 선박도 활용되었다. 왜였을까? 그것은 바로 국경을 초월한 국제 무역 상인들의 영향력 때문이었다.

'작은 나라' 스웨덴이 담당한 큰 역할

영국과 네덜란드 이외에도 '동인도회사'를 가진 나라가 몇 있었다. 그러나 그 작은 나라들은 영국과 네덜란드처럼 동인도회사에 강력한 군대를 보내지 못했다. 스웨덴 동인도회사는 특히 규모가 작았다. 스웨덴의 동인도회사는 본국인 스웨덴에도 그다지 잘 알려지지 않아 무슨 일을 하는지도 거의 알 수 없었다. 그러나 이 회사는 영국에 중대한 영향을 미쳤다.

최근의 유럽 상업사 연구자들은 작은 나라들의 역할을 재조명하고 있다. 큰 나라에게는 별로 중요하지 않은 무역이라도 작은 나라에게는 큰 이득이 될 수 있기 때문이다. 작은 나라들은 때때로 중립 정책을 취하며 해운업을 크게 발전시켰다. 대표적인 예가 바로 스웨덴이었다.

스웨덴 동인도회사는 1731년에 특허를 받아 설립되고 1813년에 해산한 회사로 스웨덴 서해안의 예테보리에 기반을 두었다. 그리고 80여 년 동안 아시아로 132회 항해했다.

목적지는 광저우가 124회, 광저우와 인도가 5회, 인도가 3회였다. 특허장을 보면 이 회사가 희망봉 동쪽의 모든 지역과 스웨덴 사이의 무역에 대해 독점권을 갖고 있었지만, 실제로는 광저우와의 무역에 집중했던 것을 알 수 있다. 게다가 스웨덴에서 중국으로 수출한 물품은 매우 적었으므로 거의 중국 물품 수입에만 전념했다고 보아도 좋을 것이다. 품목 대부분은 차였다. 스웨덴 동인도회사의 수입 금액 중 차의 비율이 1770년에는 69퍼센트, 1780년에는 80퍼센트에 달했을 정도다.

이 회사는 광저우에 상관을 두기는 했지만 광저우를 식민지로 삼거나 외교를 위해 영사관을 두지 않았다. 직원 수도 250~300명에 불과했다. 이 회사가 광저우에서 수입한 차는 예테보리에서 경매에 부쳐졌다. 따라서 스웨덴 동인도회사는 결코 특권을 휘두른 것으로 볼 수 없다. 경매는 누구나 참여할 수 있는 자유로운 경제 활동이기 때문이다. 또한 이 회사는 1722~1727년 사이에 짧게 활동한 오스텐데사와 밀접한 관계를 맺고 있었다. 오스텐데사는 이름 그대로 오스트리아령 네덜란드[1]의 오스텐데에 근거를 둔 무역회사였는데, 스웨덴 동인도회사에 참여한 사람들 중에는 이 오스텐데사에서 무역을 했던 사람이 많았다.

그런데 스웨덴 사람들은 차가 아닌 커피를 즐겨 마셨다. 그래서 스웨덴 동인도회사는 수입한 차의 대부분을 재수출했다. 재수출액이 스웨덴 동인도회사 전체 수출액의 20~30퍼센트를 차지할 정도였다. 재수출된 차는 일단 네덜란드 및 오스트리아령 네덜란드로 이

---

1) 1714~1795년 합스부르크 군주국이 남네덜란드(현 벨기에)를 점유하고 있었던 때를 가리킨다.

동했다. 예전 오스텐데사와의 관계 때문이었다. 그런 다음 다시 독일의 배후지, 프랑스, 스페인, 포르투갈, 지중해, 영국 등으로 운송되었다. 그중 영국은 유럽 최대의 차 소비국이었다.

이처럼 스웨덴은 차를 예테보리에서 영국으로 직접 보낸 것이 아니라 일단 네덜란드와 오스트리아령 네덜란드로 보낸 다음 거기에서 다시 영국으로 보냈다. 왜 그렇게 에두르는 방식을 선택했을까? 그것은 바로 그 차가 밀수품이었기 때문이다. 스웨덴의 차는 품질이 상대적으로 떨어지는 데다 밀수품이어서 가격이 저렴했으므로 저소득층도 쉽게 마실 수 있었다.

당시에는 영국 동인도회사가 차 시장을 독점해 무거운 관세를 매겼으므로 영국 국내에서는 차가 매우 비싼 가격에 거래되었다. 그런 이유로 저렴한 밀수품이 필요했던 것이다. 영국인이 1745~1746년에 차 밀수를 위해 지불한 금액은 연간 약 80만 파운드로 추산된다. 이는 약 1,500톤의 차를 수입할 수 있는 금액이었는데, 그 기간에 스칸디나비아가 수입한 차의 양 역시 대략 1,500톤이었다.

그러나 1784년 영국 피트 수상이 실시한 감세법에 따라 차의 세율이 110퍼센트에서 12.5퍼센트로 대폭 낮아졌다. 게다가 영국 동인도회사가 수입한 차의 가격 또한 내려갔다. 적어도 그때까지는 스웨덴 동인도회사가 수출한 차가 네덜란드 및 오스트리아령 네덜란드를 거쳐 영국에 유입되었고 그것을 저소득층이 마셨다고 할 수 있다.

프랑스 동인도회사의 밀수

18세기 프랑스는 대서양 무역에서 영국과 1위를 다툴 만큼 발전해 있었다. 심지어 무역 성장률이 영국보다 높을 때도 있었다. 그러나 프랑스는 아시아에서는 그렇게까지 적극적으로 활동하지 못한 듯하다.

프랑스도 영국·네덜란드를 따라 1604년에 동인도회사를 창설하고 1664년에 그것을 국영화했다. 1719년에는 동인도회사의 사명을 '인도회사'로 바꾸고 동서인도[2]에서 무역을 진행하다가 1731년에 아프리카와 루이지애나[3]가 독립한 후로는 다시 동인도 무역에 전념했다. 그리고 1795년에 해산했다.

프랑스 동인도회사는 유럽의 차 수입에 중요한 역할을 했다. 스웨덴 동인도회사와 마찬가지로 저렴한 차를 영국에 밀수한 것이다. 프랑스의 동인도 무역 중심지는 브르타뉴 지방의 로리앙이었다. 17세기 말경 브르타뉴는 인구 약 200만 명의 대도시로 프랑스 총인구의 10퍼센트를 차지할 만큼 컸다. 한편 [지도 19]에 표시된 항구 도시 중 생말로는 섬유 제품 등 프랑스에서 생산된 제품을 스페인에 보내는 역할을 했다. 전 세계와 연결된 이 도시에서 1713년에 출항한 그

---

2) 인도와 서인도 제도를 통틀어 부르는 말. 콜럼버스가 1492년 제1차 항해 때 산살바도르 섬에 상륙한 이래 그곳을 인도의 일부라고 오인한 데서 '서인도'라는 호칭이 생겼다. 원래의 인도는 유럽의 동쪽에 위치했으므로 '동인도'라고 불렀다.

3) 초기에 프랑스의 지배를 받았던 미국 중부 루이지애나 지역(동부와 서부를 제외한 중부 대부분의 지역)을 가리키는 말. 1762년부터 스페인령이었으나 1800년 나폴레옹 전쟁 때 잠시 프랑스로 넘어갔다가 미국에 매각되었다.

[지도 19] 브르타뉴의 주요 항구

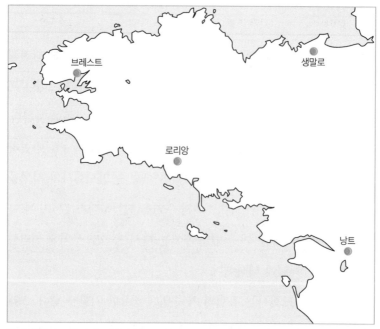

브레스트

생말로

로리앙

낭트

출처: Pierrick Pourchasse, "Breton Linen, Indian Textiles, American Sugar: Brittany and the Globalization of Trade in the 18th Century", 『교토 산업대학 세계문제연구소 기요(京都産業大学 世界問題研究所紀要)』, 제28권, p.159

랑도팡 호는 남미 대륙 최남단의 혼 곶을 거쳐 섬유 제품(리넨)을 페루까지 운반한 후 중국에서 미국산 은으로 물건을 구입해 프랑스로 돌아왔다. 이전에는 중국에서 물건을 살 때 미국산 은이 주로 사용되었지만 18세기 들어 섬유 제품, 귀금속, 사치품도 화폐의 역할을 하게 되었으므로 미국산 은의 사용 빈도가 상대적으로 낮아졌다.

프랑스는 커피와 차를 주로 취급했는데 그중 차의 수입량은 17세기 말경에 10만 파운드(중량)였던 것이 18세기 후반이 되자 200만 파운드 가까이로 급증했다. 커피와 차뿐만 아니라 향신료와 후추, 면역시 중요한 상품이었다.

여기에서 주목할 것은 프랑스가 차를 수입했다는 점이다. 프랑스역시 스웨덴처럼 차가 아닌 커피를 소비하는 나라였다. 따라서 프랑스가 수입한 차도 영국에 밀수되었을 가능성이 크다. 당시 차 무역을 연구한 역사학자 데르미니에 따르면, 프랑스가 광저우에서 수입한 차의 연평균 총액은 1749~1764년에 1,192만 5,288리브르였고 1766~1775년에는 1,288만 5,739리브르였다. 그중 브르타뉴가 차지하는 비율이 각각 42.7퍼센트, 50.2퍼센트였다. 또한 이 기간 프랑스가 전 세계에서 수입한 차의 총액 중 브르타뉴가 차지하는 비율은 82.5퍼센트였다. 이렇게 수입된 차 대부분이 브르타뉴 지방의 도시 낭트로 보내졌다. 18세기의 낭트는 노예 무역으로 유명했지만 광저우에서 수입한 차를 재수출하는 것도 중요한 사업이었다. 따라서 프랑스 동인도회사는 커피보다 차를 더 많이 수입하기도 했다.

브르타뉴로 수입된 차는 주로 영국과 네덜란드로 수출되었다. 영국으로 수출된 차는 대부분 암시장으로 흘러갔을 것이다. 네덜란드에서는 어디로 갔는지 잘 알려지지 않았지만 그중 많은 물량이 영국에 재수출되었을 듯하다. 브르타뉴를 거친 차는 품질이 좋았으므로 영국 부유층에게 인기가 높았을 것이다.

밀수가 아니었다면 영국의 차도 없었다

영국은 1인당 소비량 기준으로 18세기 최고의 차 소비국이었다. 그
러나 그 차를 수입한 회사는 영국 동인도회사만이 아니었다. 애초에
대다수의 영국인이 차를 마시게 되었기 때문에 영국과 영국 해협[4],
그리고 북해에 접한 나라들이 중국과 무역을 시작했다. 1784년 감세
법이 도입되기 전에 밀수된 차가 400~600만 파운드라고 하며, 심지
어 그 양을 750만 파운드로 추정하는 사람도 있다. 이처럼 17세기
중반에는 차의 밀수가 일상적인 일이었다.

유럽인에게 차는 중요한 밀수품이었다. 그러나 광저우에서 함부
르크로 수출된 차가 그 배후지인 엘베 강 유역이나 발트해 지방에
서 소비된 것 같지는 않다. 오히려 함부르크가 '작은 런던'으로 불렸
을 만큼 런던과 밀접한 관계였던 점에 비추어 런던으로 밀수되었다
고 추측하는 것이 자연스러울 것이다.

밀수가 활발했던 것은 영국이 차에 무거운 관세를 매겼기 때문이
다. 1784년 감세법이 도입되기 전까지 차에 매겨졌던 관세율은 줄곧
80퍼센트 이상이었고 심지어 100퍼센트를 넘을 때도 적지 않았다.
감세법이 시행되자 밀수가 주춤해졌다. 이 무렵 영국 동인도회사가

---

4) 영국과 프랑스 사이에 있는 좁은 해협. '영불 해협', '도버 해협'으로도 불린다.

판매한 차의 액수는 1783년에 586만 파운드, 1784년에 114만 파운드였던 것이 1785년에는 약 1,508만 파운드로 크게 증가했다. 밀수가 크게 줄어든 것이다.

감세법 이전에 영국에 차를 가장 많이 밀수한 나라는 아마도 프랑스, 그다음이 스웨덴이었을 것이다. 프랑스는 고급 차를, 스웨덴은 저급 차를 밀수했다. 이 두 나라가 영국을 세계 최대의 차 소비국으로 만들어준 셈이다.

일본 역사학자 가와키타 미노루는 이때의 상황을 "동인도의 차와 서인도 제도의 설탕이 찻잔 속에서 만나자 세계가 하나가 되었다."라고 표현했다. 이 말은 영국 제국이 전 세계로 뻗어나갔음을 암시하기도 한다. 그러나 차는 설탕과 달리 동인도나 중국에서 영국 선박을 통해 합법적으로 수입된 것만 유통되지 않았다. 밀수된 차가 없었다면 영국인이 이렇게까지 차를 즐겨 마시지 않았을지도 모른다. 영국인 대부분이 차를 즐기게 된 것은 광저우에서 유럽 대륙으로, 그리고 영국으로 가는 밀수 경로가 열려 있었기 때문이다.

제 14 장

영국에서
세계 최초의 공업화가
일어난 이유

유럽은 비교적 위도가 높은 지역이다. 그래서 식물 생육이 왕성하지 못해 사람들의 영양 상태가 그다지 좋지 않았다. 때문에 유럽은 대외로 진출할 수밖에 없었다. 유럽인은 근세 이전부터 주식인 밀과 호밀을 생산했다. 감자와 토마토는 신세계에서 들여온 식품이었지만, 유럽인은 머잖아 그것을 유럽 내에서 생산하는 데 성공해 식량 자급률을 크게 높였다. 그러나 커피, 차, 설탕 등 열대 지방에서 재배되는 기호품은 유럽 내에서 생산할 수 없어 수입에 의존할 수밖에 없었다. 반면 아마, 마, 리넨(로프나 돛으로 사용됨) 등의 해운 자재는 기온이 낮은 발트해 지방과 북해 연안에서 수입해야 했다.

이번 장에서는 이 상품들의 생산과 유통이 서로 밀접한 관련성을 갖고 서로 영향을 미치며 유럽의 대외 진출을 촉진했다는 이야기를 해보려 한다.

공업화 이전의 공업화

'공업화 이전의 공업화' 즉 산업혁명(공업화) 이전에 유럽에 일어났던 '공업화'에 대한 연구가 세계적으로 화제가 되었던 적이 있다. 이 '공업화 이전의 공업화'를 '프로토 공업화'라 한다. 이 개념을 처음 제창한 사람은 미국의 경제사학자 프랭클린 멘델스였다. 그가 1972년에 발표한 논문 「프로토 공업화(Proto-industrialization) - 공업화의 첫 국면」은 경제사학자뿐만 아니라 일반 역사학자 사이에서도 큰 관심을 불러일으켰다.

단순히 말해 프로토 공업화란 섬유 제품의 생산을 중심으로 한 농촌 공업의 발전을 뜻한다. 산업혁명 이전에 유럽의 일부 농촌이 곡물을 생산하는 농업 지대와 아마, 마, 리넨 등 섬유 제품을 생산하는 공업 지대로 나뉘었다는 것이다. 멘델스는 플랑드르(현재 프랑스 북부, 벨기에 서부, 네덜란드 남부) 지방이 리넨을 더 많이 생산하게 된 이후 근린 지역에서 곡물을 수입하게 되었다고 말했다. 인구가 증가하면 농작물 생산에 적합하지 않은 땅에서 섬유 제품을 생산하게 되고, 그 결과 농업을 위한 땅과 공업을 위한 땅이 분리되므로 공업 생산과 농업 생산이 모두 증가한다는 것이다. 멘델스는 이런 현상이 자본주의적 경제를 성장시켰다고 주장했다.

그의 주장이 화제를 불러일으켰을 때, 많은 연구자가 농촌 공업에서 산업혁명이 탄생했느냐 하는 주제로 연구를 진행했다. 그 결과 유럽뿐만 아니라 아시아에서도 프로토 공업화로 보이는 현상이 나타났다는 사실이 밝혀졌다.

멘델스에 따르면 프로토 공업화가 공업화의 첫 번째 국면이고 산업혁명이 두 번째 국면이다. 이에 유럽 연구자들뿐만 아니라 일본 연구자들도 첫 번째 국면과 두 번째 국면이 어떻게 관련되어 있는지를 적극적으로 연구하기 시작했다. 요컨대 멘델스는 유럽 각지에서 프로토 공업화가 진짜 공업화인 산업혁명으로 바뀌었다고 주장했고, 많은 일본 연구자들이 그 주장을 지지했다. 심지어 일본에서도 농촌 공업의 발전이 유럽에 산업혁명을 일으켰다는 연구 결과가 속속 발표되었다.

프로토 공업화 이론의 오류

그러나 지금 프로토 공업화 이론은 지지를 얻지 못하고 있다. 이제 프로토 공업화란 유럽에서 아마, 마, 리넨 등을 생산하는 섬유 산업이 발달한 것을 의미하며, 산업혁명의 전 단계를 의미하지는 않는다. 경제학사 분야의 일본 내 권위자인 사이토 오사무 역시 "멘델스의 프로토 공업화 이론은 본격적인 공업화를 설명하는 모델이 될 수 없다."고 주장한다. 즉 아마, 마, 리넨을 생산하는 섬유 공업의 발전이 산업혁명을 일으킨 적이 없다는 것이다. 그러면 왜 프로토 공업화가 산업혁명으로 곧바로 이어지지 않은 것일까?

산업혁명을 일으킨 면직물은 인도에서 수입되었다. 원래 인도의 수제 면직물인 캘리코(옥양목)는 가격이 저렴한 데다 촉감이 좋아 유럽 전역에서 인기를 끌었다. 한편 영국은 서아프리카의 노예를 신세계 식민지로 보내 면화를 재배시킨 다음, 그것을 본국의 공장으로 가져와 동력을 이용해 면직물이라는 완성품으로 만들어 세계 시장에 판매했다. 이렇게 영국이 생산한 면직물은 인도에서 수입한 면을 대체했다. 즉 프로토 공업화를 대표하는 아마, 마, 리넨의 생산이 면직물 생산으로 이어진 것이 아니다.

이렇게 생산된 면직물은 수제품과 달리 여러 번 빨 수 있는 데다 아주 춥거나 더운 곳에서도 입을 수 있었다. 그래서 세계적 제품이 된 것이다. 아마, 마, 리넨은 소비재로서의 수요가 그만큼 크지 않았다. 또 영국 산업혁명이 발발한 곳인 랭커셔는 프로토 공업화 이론에서 말하는 농촌 공장 지대가 아니었다. 유럽의 다른 지역들이 랭커셔의 면직물 생산을 흉내 냈기 때문에 공업화가 진행되었다는 사실을 잊어서는 안 된다.

그런데 소위 프로토 공업화는 왜 일어났을까? 그것에는 어떤 의미가 숨어 있을까?

공업 지대에서 생산된 것들

프로토 공업화 이론의 핵심은 '인구 증가'다. 앞서 말했다시피 근세 유럽에서는 인구 증가로 말미암은 식량 부족 사태가 발생하고 있었다. 그러나 농촌이 농업 지대와 공업 지대로 나뉨으로써 농업 생산성이 높아져 식량 부족이 해결된다는 멘델스의 주장과는 달리, 발트해 지방에서 수입된 곡물 덕분에 식량 부족이 해소되었다. 이것이 멘델스의 오류였다. 그렇다면 유럽의 아마, 마, 리넨의 생산량이 늘어난 이유는 무엇이었을까?

대항해 시대가 시작된 16세기 초 서유럽 국가들은 아마도 가까운 지역에서 해운 자재를 조달했을 것이다. 그러나 더 먼 곳까지 가기 위해선 턱없이 부족했으므로 발트해 지방의 해운 자재를 점점 더 많이 수입하게 되었다. 따라서 발트해 지역의 무역 흑자는 곧 서유럽 측의 적자로 이어졌다. 폴란드도 곡물을 수출함으로써 무역 흑자를 냈고 발트해 연안의 다른 지역들도 해운 자재를 수출해 무역 흑자를 냈다. 이렇게 발트해 연안에 거주하는 사람들의 가처분 소득이 늘어났다.

앞서 말했다시피 프로토 공업화의 주 생산품은 아마, 마, 리넨 등이었다. 이것들은 선박의 로프나 돛 등에 쓰이는 해운 자재였으며 그중 리넨은 노예가 입는 옷에도 사용되었다. 여기에서 프로토 공업화와 유럽의 대외 진출이 서로 깊이 관련되어 있었음을 알 수 있다. 유럽의 농촌이 공업 지대와 농업 지대로 나뉜 것은 어느 정도 맞는 말이지만 사실 그 공업 지대란 유럽의 대외 진출에 필요한 해운 자재를 공급하는 지역이었다고 봐야 한다.

독일의 역사학자 클라우스 웨버에 따르면, 현재의 폴란드와 체코에 해당하는 슐레지엔에서 생산된 섬유 제품인 리넨은 주로 의류의 재료로 쓰였다. 그것은 프랑스와 포르투갈을 거쳐 서아프리카로 갔고, 아프리카 노예들의 옷이 되었다. 인도산 면직물은 내구성이 떨어졌던 반면 리넨은 착용감은 비록 좋지 않았지만 내구성이 뛰어났다. 그래서 노예가 리넨 옷을 입게 된 것이다. 노예들은 영국에서 산업 혁명이 일어난 뒤에야 리넨이 아닌 면 옷을 입기 시작했다.

발트해 지방의 아마, 마, 리넨이 없었다면 서유럽은 대항해 시대를 열 수도 없었고 18세기에 대서양 무역을 확대할 수도 없었을 것이다.

북유럽 하천의 중요성

북유럽에는 지중해의 강보다 큰 강이 많다. 구체적인 길이를 비교해 보면, 함부르크를 지나는 엘베 강이 1,123킬로미터인 데 비해 이탈리아를 지나는 포 강은 650킬로미터밖에 되지 않는다. 북해와 발트해 배후지의 넓이만 보아도 북유럽의 바다와 강이 지중해의 바다와 강에 비해 훨씬 강하게 연결되어 있었던 것을 알 수 있다.

폴란드의 그단스크(독일어로는 단치히)는 비스와 강, 슈체친은 오데르강, 러시아의 상트페테르부르크는 네바 강, 라트비아의 리가는 드비나 강 유역에 세워진 항만 도시다. 이들 도시는 강을 이용해 아마, 마, 리넨 등 해운 자재를 운송했다. 그리고 그렇게 운송된 자재는 유럽의 대외 진출에 활용되었다. 소위 프로토 공업화 지대는 대부분 이런 큰 강 유역에 자리했다. 그래서 강을 끼고 있는 알프스 이북의 여러 지역에서 가처분 소득이 늘어난 것이다.

가처분 소득의 증대가 가져온 것

과거 변두리 취급을 받았던 지역들의 가처분 소득이 상승하자 어떤 일이 일어났을까? 신세계에서 온 식민지 물품(설탕, 커피, 홍차, 염료 등이 있지만 여기에서는 기본적으로 설탕과 커피를 말함)은 발트해와 북해 연안을 거쳐 수로와 육로로 유럽 대륙 곳곳에 도달했다. 그중에서도 프랑스령 서인도 제도에서 온 물품이 가장 많았다.

예컨대 사탕수수는 프랑스령 산토도밍고(현 아이티)에서 프랑스의 보르도로 이동한 다음 엘베 강을 거슬러 올라가 함부르크로 갔고, 그곳의 공장에서 설탕이 되어 유럽 구석구석으로 흘러들어 갔다. 함부르크는 유럽에서 제당업이 가장 발달한 도시였다. 상품은 수요와 공급이 있어야 이동한다. 북유럽의 시각에서 보자면 해운 자재의 수요가 많아져 공급이 늘어났고, 잉여가 생긴 덕분에 가처분 소득이 증가했으며, 그 결과 신세계의 설탕과 커피를 대량으로 구입할 수 있었던 것이다.

이러한 상황은 비합법적 무역에서도 동일하게 일어난다. 밀수품은 암시장으로 흘러가지만 암시장에서도 똑같은 수요와 공급의 법칙이 작용한다. 잉여가 없다면 소비자가 구매력을 갖지 못하므로 아무리 저렴한 밀수품이어도 구입할 수 없다. 실제로 18세기 발트해 인근에서는 커피와 설탕 수입량이 크게 증가했다.

프로토 공업화와 산업혁명의 관계

프로토 공업화가 공업화의 첫 번째 국면이고 영국의 산업혁명이 두 번째 국면이라는 멘델스의 견해는 이미 오류로 판명되었다고 앞서 말했다. 즉 프로토 공업화는 영국의 산업혁명(공업화)으로 이어지지 않았다. 그러나 여기에서 말했다시피 프로토 공업화와 이후의 공업화(산업혁명) 사이에 직접적 연관성은 없지만 간접적 연관성이 있었던 것은 사실이다. 즉 프로토 공업화가 없었다면 대서양 경제가 형성되지 않았을 것이고 대서양 경제가 형성되지 않았다면 영국의 산업혁명도 발생하지 않았을 것이다.

영국의 산업혁명은 면직물 공업이 발달한 덕분에 일어났다. 신세계 식민지에서 재배된 면화를 이용할 수 있었으므로, 다시 말해 대서양 경제가 형성되었으므로 산업혁명이 일어난 것이다. 그리고 대서양 경제의 형성에는 발트해 지방에서 생산된 해운 자재가 반드시 필요했다. 반대로 영양이 부족하기 쉬운 발트해 지방 사람들에게는 신세계에서 생산된 설탕이 중요한 열량 공급원이 되어주었다. 이런 의미에서 프로토 공업화가 공업화의 첫 국면을 형성한 것은 사실이다. 이 점에 주목하기 바란다.

실제로 영국이 대량의 해운 자재를 발트해 지방에서 수입함으로써 그 지방을 풍요롭게 만들었다고 말할 수도 있다. 멘델스 이후 진행된 연구에서는 프로토 공업화로 분류할 수 있는 경제 현상이 세계 이곳저곳에서 발생했다는 사실도 밝혀졌다. 그러다 보니 왜 하필 유럽에서, 그중에서도 영국에서 세계 최초의 공업화(산업혁명)가 일어났느냐 하는 의문에 대답하기가 점점 더 어려워질 듯하다.

그러나 만약 내가 제시한 학설이 타당하다면 그 의문에 충분히 대답할 수 있다. 영국에서 세계 최초의 공업화가 일어난 것은 당시 영국이 발트해 지방에서 아마, 마, 리넨 등 해운 자재를 수입해 대서양 무역에 힘쓰는 동시에 미국에서 재배한 면화를 본국으로 가져와 면직물로 가공하는 시스템을 발전시켰기 때문이다.

유럽과 그 외 지역의 차이

다시 한 번 말하지만 대서양 경제가 형성되지 않았다면 유럽에 공업화(산업혁명)가 일어나지 않았을 것이고, 유럽이 대서양에 진출하지 않았다면 유럽에서 세계 최초의 공업화가 일어나지 않았을 것이다. 한편 다른 지역의 농촌 공업화에는 이런 역동성이 없었다. 일례로 중국에서도 프로토 공업화 현상이 일어났지만 그 현상은 중국 경제의 대외 진출과 전혀 무관했다. 따라서 가처분 소득이 늘어나 설탕 등 식품의 소비량이 증가하고 사람들의 생활이 크게 달라지는 변화도 일어나지 않았다. 일본의 에도 시대와 메이지 시대에 일어났던 프로토 공업화 역시 일본의 대외 진출과 무관했으므로 일본 경제에 별다른 영향을 미치지 않았다. 그것 때문에 설탕의 소비가 늘거나 사람들의 생활이 풍요해지지도 않았다.

유럽 외의 지역에서 유럽으로 수입된 물품은 물물교환 형태로 유통되는 물건이 아니라 시장에서 거래되는 상품이었다. 설탕과 커피도 밀수되긴 했지만 기본적으로는 시장에서 거래되었다. 적어도 물물교환으로 유통되는 양은 점점 줄어들고 시장에서 거래되는 양은 점점 늘어났다. 영국에서 생산된 면 제품도 마찬가지였다.

그 결과 유럽은 외부 지역의 소비재를 흔히 볼 수 있는 곳이 되었다. 이것이야말로 사회가 풍요롭다는 증거다. 유럽인은 이처럼 다양한 소비재를 구입하기 위해 시장에서의 노동 시간을 늘리고 생활수준을 끌어올렸다. 유럽 외의 다른 지역에는 아마 이런 역동성이 없었을 것이다.

아마, 마, 리넨, 설탕, 커피, 면, 곡물은 얼핏 보면 서로 무관한 상품처럼 보인다. 그러나 사실 이것들은 앞에서 말한 것처럼 당시의 유럽 경제, 나아가 세계 경제의 변화와 깊이 관련되어 있었다.

제 15 장

미국의
'해상 개척자'란

영국 항해법의 보호 아래 탄생한 미국

18세기 중반 미국에서는 소위 '영국화'라 불릴 만한 현상이 일어나고 있었다. 영국 상류층의 생활양식을 흉내 내어 홍차를 마시는 사람이 늘어난 것이다. 다시 말해 대서양 양 끝에서 공통 문화권이 형성되고 있었다. 이때 7년 전쟁(1756~1763년)으로 큰 빚을 진 영국 정부는 식민지인 미국에 부담을 나누어질 것을 요구했다. 그러나 미국은 '대표 없이는 세금도 없다'는 구호를 내세우며, 본국에 미국을 대표할 의원이 없다면 영국 정부에 세금을 내지 않겠다고 버텼다.

현재의 일본 역사학자들은 미국 측의 발언이 정당하다고 판단하지만 당시 영국에게는 그 상황이 자신들이 막대한 비용을 들여 프랑스로부터 지켜준 식민지가 반기를 든 것처럼 느껴졌을 것이다. 그역시 당연한 반응이다. 이리하여 발발한 미국 독립 전쟁은 1783년파리 조약으로 정식 종료되었다. 그리고 미국은 국제적으로 독립을 인정받게 되었다.

식민지 시절에는 영국 법의 보호를 받으며 상업 활동을 했던 미국이었지만 독립 후에는 영국의 보호 없이 독자적으로 활동해야 했다. 독립 전쟁 이전에는 미국도 영국령이었기에 영국 본국까지 자국의 배를 보낼 수 있었다. 그러나 독립 후에는 영국 항해법의 보호를 받지 못하게 되어 경제 위기에 빠지고 말았다. 과연 미국은 그 경제 위기를 어떻게 극복했을까?

서부 개척 활동이 미국 경제 성장에 크게 기여했다고 생각하는 사람이 많다. 물론 옳은 생각이다. 그러나 한편으로 미국은 18세기 말에 이미 영국 다음으로 많은 선박을 보유한 해운 국가로 성장해 있었다. 식민지 체제하에서 조선업을 발전시키고 있었기 때문이다. 덕분에 미국에 압도적으로 유리한 상황이 펼쳐지기 시작했다.

미국의 중립 무역

독립하자마자 프랑스 혁명과 나폴레옹 전쟁(1789~1815년)이 발발한 것역시 미국에게는 행운이었다. 미 대륙에 해운 자재가 풍부했으므로 미국은 조선업을 발전시키기 쉬웠다. 유럽 국가들이 발트해 쪽에서 해운 자재를 수입했던 것과는 대조적이다. 또 미국은 외국에서 전쟁이 일어났을 때 중립을 유지함으로써 해운업을 크게 성장시켰다. 당시 미국의 주요 항구는 뉴욕, 필라델피아, 보스턴, 볼티모어였다. 또 미국은 프랑스의 도시 보르도와의 해상 무역에 힘썼다. 그 노력의 진가는 1793년에 발발한 프랑스 혁명에서 여실히 드러났다.

[지도 20]은 1791년에 미국에서 보르도로 가는 경로를 나타낸다. 기본적으로는 미국 선박의 경로다. 미국 선박은 초기인 1791년에는 자국의 동해안과 보르도 사이를 오가기만 했다. 그러다 1793년이 되자 보르도에서는 서인도 제도 쪽으로 배를 보내지 않게 되었다.

[지도 20] 보르도에 도착한 미국 선박의 경로 – 1791년(국적 불명, 기타 국적 선박 포함 총 231척)

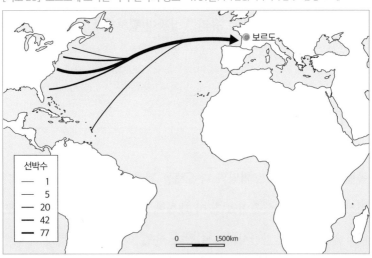

출처: Archives départmentales de la Gironde(Bordeaux, Franxe), 6B281. (Siliva Marzagalli, "American Shipping and Trade in Warface, of the Benefits of European Conflicts for Neutral Merchants' The experience of the Revolutionary and Napoleonic wars, 1793~1815", 『교토 산업대학 경제학 리뷰』창간호, 16쪽을 기초로 작성)

그리고 1793~1815년에는 미국 선박에 미국 외 지역에서 생산된 상품이 주로 실리게 되었다. 미국이 보르도에서 수입한 상품을 동해안으로 일단 가져왔다가 최종 시장으로 재수출하는 일이 많아진 것이다. 미국 동해안의 항구들은 세계의 창고가 되었다.

보르도에 도착한 미국 선박의 수는 1795년에 351척으로 가장 많았다가 1809~1814년 대륙 봉쇄령의 영향으로 대폭 줄어들었다. 그럼에도 불구하고 보르도에 도착한 미국 선박 수는 1795~1815년에 총 2,410척, 연평균으로 환산하면 약 115척이었다.

[지도 21] 지중해의 미국 영사관

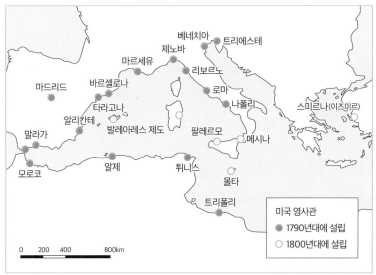

또 지중해에는 203쪽 [지도 21]과 같이 영사관을 설치해 스웨덴, 덴마크와 함께 중립 정책을 펼치며 무역업에 힘썼다. 이 지도에 등장한 지중해의 항구들은 서로의 기능을 대신할 수 있었으므로 한 항구가 폐쇄되더라도 문제가 없었다. 덕분에 유럽은 전쟁 중에도 상업 활동을 지속할 수 있었다. 미국은 그런 점을 영리하게 활용해 해운업을 발전시켰다.

미국의 선주들은 중립 정책을 최대한 활용해 선박을 계속 늘렸다. 그들은 태평양을 횡단해 남미 대륙 남단의 혼 곶을 지난 뒤 아프리카 남부의 희망봉을 돌아 지중해와 발트해까지 가기도 했다.

프랑스 혁명과 나폴레옹 전쟁이 한창이던 유럽은 미국의 중립 선박이 없었다면 필요한 물자와 자재를 구하기 어려웠을 것이다. 결국 대서양과 유럽의 결합에 미국 선박이 크게 기여한 셈이다.

해상의 개척자

이처럼 미국에는 육상뿐만 아니라 해상의 개척자도 있었다는 사실을 강조하고 싶다. 영국에 비해 규모는 작았지만 미국 역시 전 세계에 선단을 보냈다. 이것은 오늘날 미국이 세계 각지에 함대를 보내기 위한 준비였을지도 모르겠다.

1823년 12월 미국의 제5대 대통령 먼로가 '먼로주의'를 발표했다. 이것은 빈 체제하의 유럽 제국이 미 대륙에 간섭하는 사태를 방지하기 위한 조치인데, 보통은 미국이 고립주의 외교를 선택했다는 뜻으로 이해될 때가 많다. 그러나 미국이 영국에게 해운업 보호 조치를 선언한 것으로 이해할 수도 있다. 그렇다면 미국이 '먼로주의'를 발표함으로써 특히 영국의 해운업을 미 대륙에 진출시키지 않겠다는 의사를 밝힌 셈이다.

　　1861년에 미국의 남북 전쟁이 시작되었다. 알다시피 이 전쟁에서는 미국이 노예 찬성 주와 반대 주로 나뉘어 싸웠다. 그러나 세계 제2위의 해운 국가였던 미국의 모든 주는 1840년대부터 세계 최대의 설탕 생산지였던 스페인령 쿠바에서 설탕을 수입해왔다. 그 설탕을 흑인 노예가 생산했음을 알면서도 말이다. 일부 주가 노예를 반대한 것은 어디까지나 자신의 지역 내에서 노예를 두지 않겠다는 뜻이었지 국외에서 노예가 생산한 상품을 수입하지 않겠다는 뜻은 아니었던 것이다.

　　스페인령 쿠바의 노예제는 1880년에야 폐지되었다. 그래서 그전까지 쿠바의 흑인 노예가 만든 설탕 대부분이 이미 노예제가 사라진 미국의 선박으로 운송되었다. 이처럼 미국의 경제 성장은 해운업의 발전과 크게 연관되어 있었다.

제 16 장

19세기 들어 서유럽과 아시아의 경제력이 크게 벌어진 이유

19세기, 전 세계 시장의 통합

『세계화와 역사』[1]를 통해 19세기의 세계화를 논했던 오루크와 윌리엄슨에 따르면, 다양한 상품의 국가별 가격 차이가 없어진다는 의미에서의 세계화가 1820년대에 시작되었다고 한다. 즉 그 시기에 운송비가 크게 저렴해져 같은 상품이 세계 각지에서 동일한 가격으로 팔리기 시작했다는 것이다. 그들은 또한 19세기 후반에 상품과 생산 요소(노동, 토지, 자본) 시장이 세계적으로 통합되었다고 말한다. 그래서 제1차 세계대전이 시작될 무렵에는 세계 시장과 무관한 국가가 거의 없어졌다고 한다. 즉 세계 경제가 일체화한 것이다.

그들은 세계화의 주요 원인을 무역과 대규모 이민에서 찾았다. 다시 말해 영국이 초래한 개방 경제 때문에 세계가 일체화했다는 것

---

1) *Globalization and History -The Evolution of a Nineteenth-Century Atlantic Economy*, MIT Press

이다. 실제로 1873~1914년 사이에 세계 실질 임금의 격차가 크게 줄어들었다.

1869년에 수에즈 운하가 개통되자 유럽과 아시아는 한층 가까워졌다. 그 후에도 이동 수단을 범선에서 증기선으로 바꾸고(범선으로는 수에즈 운하를 지날 수 없었음) 증기 엔진을 개량하는 등 운송 효율을 높이기 위한 노력이 계속되었다. 그 결과 1857년에 57퍼센트였던 영국 리버풀과 인도 봄베이의 면화 가격 차이가 1913년에는 30퍼센트로 줄어들었다.

증기선과 철도의 발달로 운송비는 더욱 저렴해졌다. 따라서 노동자들도 국외로 쉽게 이동할 수 있게 되었다. 뒤에 자세히 말하겠지만 철도 역시 1890~1910년에 운행 거리를 급격히 늘렸다. 19세기는 증기선과 철도로 대표되는 '증기의 시대'라고 말할 수 있다. 자본 이동도 크게 늘어났다. 가난한 나라에 거액의 투자가 이루어진 것이다. 이런 사회에서 물건과 사람의 이동 방식은 어떻게 변화해갈까?

19세기, 유럽 경제는 얼마나 성장했을까

앵거스 매디슨(1926~2010년)은 세계 경제의 성장률을 측정하는 일에 일생을 바친 경제사학자로, 놀라울 만큼 방대한 업적을 남겼다. 희

[표 7] 세계의 지역별 1인당 GDP

	서기 1년	1000년	1500년	1820년	1870년	1913년
서유럽	576	427	771	1,202	1,960	3,457
아시아	456	465	568	581	556	696
라틴아메리카	400	400	416	691	676	1,494
동유럽과 구소련	406	400	498	686	941	1,558
아프리카	472	482	416	421	500	637
세계	467	450	567	667	873	1,526

출처: 앵거스 매디슨, 『세계경제사 개관 서기 1년-2030년』, p.92

소한 데이터에서 전체상을 끌어내려 했기 때문에 그의 추계 자체에
는 그다지 신빙성이 없다는 지적도 있지만, 설사 그렇다 해도 그의
것만큼 장기적인 데이터는 찾아보기 어렵다. 또 경제 지표가 제대로
측정되기 시작한 19세기 이후의 데이터는 지금 그대로 써도 문제가
없을 만큼 정확하다. [표 7]을 보고 19세기의 경제 데이터를 이전의
데이터와 비교해보자.

　서기 1년부터 1500년까지의 데이터는 신뢰도가 낮을 것이다. 그

러나 19세기 들어 세계적으로 큰 차이가 발생한 것은 틀림없어 보인다. 데이터를 보면 1870년 아시아의 1인당 GDP가 1500년보다 줄어든 것을 알 수 있다. 이처럼 19세기에 들어 서유럽은 다른 지역보다 풍요해진 반면 아시아와 아프리카는 더 가난해졌다. 1913년의 1인당 GDP가 1820년은 물론이고 1500년과도 큰 차이가 없는 것이다. 한편 그 외 지역은 1870~1913년에 크게 성장했다. 이 표를 통해 서유럽이 19세기에 크게 번성한 것이 공업화 덕분이었음을 확실히 알 수 있다.

제철업을 급격히 발전시킨 철도

유럽의 공업화는 18세기 후반 영국 산업혁명으로 시작되었다. 그리고 19세기 이후 유럽 대륙은 본격적인 공업화에 돌입한다. 유럽의 공업화에 매우 큰 역할을 담당한 것은 철도였다. 철도는 물건과 사람이 쉽게 이동할 수 있게 만들었을 뿐만 아니라 철을 대규모로 소비했으므로 제철업의 발전에도 크게 공헌했다. 증기선의 발달 역시 철의 대량 공급에 기여했다.

여기에 제철업의 발전을 정확히 분석한 쓰노야마 사카에의 논문과 저서의 내용을 소개하겠다.(『세계 자본주의 형성의 논리적 구조』 고노 겐지, 이

쓰노야마는 세계 자본주의의 발전을 면 공업이 주도한 단계(1760~1850년), 제철업이 주도한 단계(1850~1873년), 자본 수출이 주도한 단계(1873~1913년)로 나눈다.

영국은 이전에는 주로 면 제품을 수출했으나 19세기 중반부터 철 제품 생산에 힘씀으로써 비약적 경제 발전을 이루었다. 그런 이유로 1850년에 44퍼센트였던 선철[2] 수출률이 1869~1872년에는 60퍼센트로 높아졌다.

프랑스의 제철업은 영국보다 늦은 1851년 이후에 본격적으로 발전했고, 그 결과 1870년에 프랑스 기업인 슈네데르사가 연간 13만 톤 이상의 주철[3]과 10만 톤 이상의 선철을 생산하는 유럽 제일의 거대 기업으로 성장했다.

독일에서는 루르 지방 등에서 대형 용광로를 사용하게 된 후 제철업이 급속히 발전했다. 따라서 1860년에 52.9만 톤이었던 선철 생산량이 1872년에는 200만 톤으로 급증했다.

한편 스웨덴은 국내에서 철을 충분히 생산했으므로 그것으로 자국을 공업화할 수 있었다.

---

2) 3.0~3.6퍼센트의 탄소를 함유한 철의 합금. 잘 부스러지기 때문에 압연하거나 단련할 수 없다. 주물용 원료로 쓰인다.

3) 1.7퍼센트 이상의 탄소를 함유한 철의 합금. 단단하지만 부러지기 쉽고 강철보다 녹이 잘 슨다. 주조하기 쉬워 공업 재료로 널리 쓰인다.

제철업이 이처럼 발전하는 데에는 신설되거나 증설된 철도의 도움이 컸다. 세계 철도의 총 운행 거리는 1847년에 2만 5,100킬로미터, 1867년에 15만 7,600킬로미터, 1885년에 48만 7,000킬로미터, 1905년에는 88만 6,000킬로미터로 급속히 늘어났다.

유럽 대륙의 철도 건설은 1850년부터는 프랑스가, 1870년부터는 독일이 주도했으므로 영국은 유럽 외 지역의 철도를 건설하기 시작했다. 그중 가장 중요한 지역이 인도였다. 그 결과 20세기 초 인도의 철도 운행 거리는 총 4만 킬로미터에 달하게 되었다.

몰라보게 개선된 유럽인의 식량 사정

유럽 전역에 철도망이 깔린 덕분에 유럽 외 지역에서 수입된 식량이 유럽 각지의 소비자에게 도달했다. 19세기에는 안데스 산맥에서 수입된 감자가 독일 각지에 공급되었다. 특히 감자를 많이 먹었던 독일 하층민의 식량 자급률이 큰 폭으로 상승했다. 또 설탕의 원료가 열대산 사탕수수에서 유럽산 사탕무로 바뀌었다. 따라서 유럽 전역의 설탕 생산량과 소비량이 대폭 늘어 유럽인의 식량 자급률이 상승하고 영양 상태도 크게 개선되었다. 이미 유럽에 수입되고 있었던 커피, 차, 코코아 등도 유럽인의 식탁을 윤택하게 만들었다.

철도 덕분에 유럽 대륙을 횡단하는 시간도 단축되었다. 이처럼 유럽 전체가 하나의 시장으로 기능하게 된 덕분에 식량이 각지에 비교적 신속히 공급되었다. 유럽사학자 데이비드 커비는 그때의 상황을 다음과 같이 기록하고 있다.

> 공업화 이전 유럽의 내륙 지역에서는 강과 연못, 호수에서 얻은 생선을 주로 소비했다. 1843년까지도 에르푸르트 등 독일의 내륙 도시에서는 바닷물고기를 거의 볼 수 없었다. 그러므로 시장이 너무 작아서 고민이었던 헬골란트 섬[4]의 수산업자나 독일 해안 지역의 어업 조합에게는 함부르크에 철도가 개통된다는 소식이 더없이 반가웠을 것이다. 철도를 이용하면 바다에서 잡은 대량의 생선을 유럽 내륙 마을과 도시에 신속히 운반할 수 있었기 때문이다.(데이비드 커비, 메르야 리사 헌카넨 저, 『유럽의 북쪽 바다 – 북해, 발트해의 역사』[5], 213쪽).

앞에서도 말한 것처럼 철도 덕분에 유럽의 내륙까지 신선한 물고기가 공급되기 시작했다. 덕분에 유럽인의 식량 사정도 크게 개선되었다.

---

4) 북해에 있는 독일의 섬.

5) The Baltic and the North Seas (Seas in History), Routledge.

대서양을 건넌 유럽 노동자들

증기선이 일반화되자 유럽의 빈곤층도 대서양을 건너 미 대륙으로 이주할 수 있게 되었다. 미국은 15세기 말부터 갑자기 유럽인에게 유용한 자원을 제공하기 시작했다. 미 대륙이 없었다면 유럽은 대서양 무역을 발전시키지도, 공업화를 이룩하지도 못해 아시아보다 가난한 상태에 머물렀을지도 모른다.

미 대륙에는 대량의 천연 자원이 있었다. 때문에 미국은 유럽과 달리 국내의 천연 자원만으로도 자국의 산업을 발전시킬 수 있었다. 그런 반면 인구가 적었으므로 임금은 점점 오르고 있었다. 그때 마침 증기선이 일반화된 것이다.

1820~1914년에 대략 6,000만 명의 유럽인이 다른 지역으로 이주했다. 19세기 초반까지는 운송비가 비싸 노동자가 자유롭게 이동하기 어려웠으므로 대륙을 오가는 증기선에는 주로 노예가 타고 있었다. 1820년대에 대륙을 오가는 증기선을 탄 노동자는 연평균 1만 5,380명에 불과했던 반면 수송된 노예의 수는 연평균 6만 250명이었다. 그런데 1840년대에 그 노동자의 수가 연평균 17만 8,000명으로 급증했다. 그리고 1846년부터 30년 동안 유럽에서 다른 대륙(신세계 외의 대륙 포함)으로 이주한 유럽인의 수는 연평균 30만 명 정도였다. 1820년에서 1940년까지 노동력의 국제 이동은 대개 유럽에서 미국

방향으로 이루어졌다. 여기에서 이주 지역을 아시아를 제외한 신세계로 한정하는 것도 그 때문이다.

이주를 택한 노동자들은 대개 유럽에서 낮은 임금을 받고 있었다. 그래서 아일랜드, 이탈리아, 노르웨이 노동자의 임금은 이주 후에는 각각 32퍼센트, 28퍼센트, 10퍼센트가량 상승했다. 그 덕분에 1870~1910년의 국제적 실질 임금 격차가 28퍼센트 줄어들었다. 또 신세계와 구세계의 임금 격차 역시 이 기간에 108퍼센트에서 85퍼센트로 줄어들었다. 만약 대규모 이민이 없었다면 1910년의 임금 격차는 128퍼센트로 커졌을 것이다. 따라서 1870~1910년에 실질 임금 격차가 축소된 것은 대규모 이민 덕분이라고 할 수 있다.

새로운 이민자의 이동 비용은 먼저 신세계로 이민한 사람들이 부담했다. 따라서 선배 이민자가 후배의 이민을 촉진하는 구조가 만들어졌다. 역사학자들은 이것을 '연쇄 이민'이라고 부른다. 이처럼 대규모 이민이 발생한 것만 보아도 모든 유럽인이 공업화의 혜택을 누린 것은 아니라는 사실을 확인할 수 있다. 일례로 이탈리아는 여전히 가난했고 그중에서도 남부는 더 가난했다.

스칸디나비아도 공업화를 거쳤지만 사람들의 생활수준은 20세기 이후에야 다른 유럽 국가와 비슷해졌다. 따라서 공업화 이후 모든 유럽인의 생활이 즉시 풍요로워졌다는 생각은 착각이다. 유럽은 분명 풍요로워졌지만 그 혜택은 일정한 범위 내로 한정되었다.

미국도 사정은 마찬가지였지만, 다행히 유럽보다 인구 밀도가 낮아서 노동자가 부족했으므로 임금수준이 더 높았을 것으로 추측된다. 유럽 역시 저임금 노동자를 미국으로 보낸 덕분에 유럽 내 노동자 수를 줄임으로써 노동자의 임금을 올리거나 그대로 유지하는 데 성공했다.

이처럼 유럽과 미국은 노동자의 밀도를 유지하기 위해 서로 돕는 관계였다.

호주, 뉴질랜드로의 이민

영국에서는 다른 사람에게 존경받는 직업에 종사하는 것이 매우 중요했다. 여성에게는 그런 직업의 대명사가 입주 가정교사였다. 가정교사는 중류 계급 여성이 경멸받지 않고 돈을 벌 수 있는 몇 안 되는 선택지 중 하나였다.

19세기 중반 영국의 가정교사란 생활 자금을 마련하기 위해 교사로 일하는 숙녀를 의미했다. 인구 조사로 드러난 그 수는 1851년에는 2만 1,000명, 1865년에는 2만 5,000명이었다. 그들의 임금은 그다지 비싸지 않아서 상급 하녀와 비슷한 수준이었다.

가정교사는 별도의 교사 훈련을 받지 않았다. 게다가 아이들의 옷 손질을 맡기도 했다. 다시 말해 교사 겸 하녀쯤 되는 사람이었다. 그러나 그 일을 하면 사회적으로 그럭저럭 괜찮은 평가를 받을 수 있다는 점이 중요했다. 계급사회였던 영국에서 가정교사는 숙녀로 대우받을 수 있는 소수의 직업이었던 것이다. 그러나 1848년에서 1853년에 걸쳐 여자 중등 교육 기관이 신설되자 가정교사의 자격 기준이 높아져 그 기준을 충족하지 못하는 여성들이 많아졌다. 그런 여성은 영국 국내에서 가정교사로 일하기가 어려워졌다.

그에 따라 1860년대부터 식민지인 호주와 뉴질랜드에서 가정교사로 일하는 여성들이 많아졌다. 영국 본국에서는 가정교사가 될 수 없었기 때문이다. 이때, 이미 범선 시대가 끝난 영국에서는 증기선이 호주와 뉴질랜드로 사람들을 나르고 있었다.

본국에서 먹고살기 어려워진 사람들이 북미의 식민지로 가는 것은 18세기에 아주 흔한 일이었다. 19세기에는 종종 인도에서 돈벼락을 맞은 사람이 네이밥(인도 벼락부자라는 뜻)이 되어 영국으로 돌아왔다. 같은 이유로 여성 노동자의 대표 격인 가정교사들도 오세아니아(호주, 뉴질랜드와 그 주변)로 이주했다.

세계화 덕분에 국제 물류가 활발해지고 유럽인의 생활수준이 높아졌다. 한편 다른 지역과의 격차는 점점 벌어졌다. 앵거스 매디슨이 작성한 210쪽의 [표 7]을 보면, 1820~1913년에 사이에 서유럽의 1인당 GDP는 급격히 상승한 반면 아시아와 아프리카는 세계화의 혜택을 거의 받지 못한 것처럼 보인다.

증기선과 철도가 물류를 활성화한 덕분에 유럽인은 여러 큰 혜택을 누릴 수 있었다. 그리고 그 혜택에서 소외된 가난한 사람들은 미대륙으로 이주했다. 영국의 가정교사들도 호주와 뉴질랜드행을 선택했다. 덕분에 유럽인의 임금은 줄어들지 않았다. 게다가 유럽인들은 세계화 덕분에 세계 각지의 식품을 들여오게 되어 생활수준을 더욱 끌어올릴 수 있었다.

제 17 장

사회주의는
왜 쇠퇴했을까

사회주의가 붕괴한 이유

1917년에 발발한 러시아 혁명으로 1924년 세계 최초의 사회주의 국가 소비에트 사회주의 공화국 연방이 탄생했다. 그러나 소련은 혁명으로부터 불과 74년 후인 1991년에 붕괴해 짧은 역사를 마감했다. 예전에는 사회주의 국가가 여럿 있었지만 지금은 중국, 베트남, 북한만이 남았다. 심지어 중국과 베트남은 자본주의를 상당히 받아들였고 북한은 독재 국가에 가깝다. 다시 말해 사회주의가 거의 붕괴한 것이다.

그렇다고 자본주의에 문제가 없는 것은 아니다. 거의 모든 자본주의 국가의 빈부 격차는 점점 심화되는 중이고 그중 많은 나라가 막대한 부채를 지고 있으며 실업자도 점차 증가하고 있다. 요컨대 자본주의 국가는 사회주의 국가보다 상황이 조금 나은 수준이다. 신자유주의자에게 사회주의가 붕괴한 이유를 묻는다면 아마도 '시장

경제가 기능하지 않아서'라고 대답할 것이다.

근대 경제학은 완전경쟁이 보장되기만 하면 시장이 극히 효과적으로 기능할 것이라고 주장한다. 그 시장은 모든 사람이 같은 정보를 공유하고 공평한 경쟁이 이루어지는 곳이다. 그러나 현실에서는 완전경쟁이 불가능하므로 시장 또한 적절히 기능할 수 없다. 따라서 시장경제는 어쩔 수 없이 실패할 운명에 처해 있다. 케인스 식으로 해석하자면 그 운명에서 시장을 구하는 것이 정부의 역할이다. 그러나 사회주의 국가에는 시장이 없으므로 경쟁이 사라져 기업이 성장하지 못하는 것도 사실이다. 자원의 낭비가 심했던 것 역시 부인할 수 없다.

사회주의 국가의 정부는 향후 5년 동안 어떤 상품을 얼마나 생산할지 국민에게 발표한다. 그러나 소비자로서는 불편할 따름이다. 5년간의 상품 생산량을 안다 해도 구입하기 전까지 상품의 질을 알 수 없기 때문이다. 게다가 그런 체제하에서는 상품이 자신이 원한 것과 다르다는 것을 깨달아도 다른 상품을 구입할 수 없다. 애초에 대체할 만한 상품이 없기 때문이다. 사회주의 국가에는 소비자의 필요에 따라 상품을 개발한다는 발상 자체가 거의 없다.

아무리 시장 원리에 기초해 계획을 세운다 해도 소비자에게 필요한 상품을 필요한 양만큼만 생산해 공급할 수는 없다. 생산한 뒤에야 그 상품을 소비자가 정말로 원하는지 알 수 있고, 소비자 역시 써

보아야 자신에게 그 상품이 얼마나 필요한지 알 수 있기 때문이다.

그런데 사회주의가 붕괴한 결정적 이유는 무엇일까? 나는 사회주의 국가가 물류 시스템을 가볍게 여긴 것이 붕괴의 결정적 이유가 되었다고 생각한다. 더 구체적으로 말하자면 사회주의는 일상생활용품의 유통 시스템을 구축하지 않았기 때문에 붕괴한 것이다.

사회주의 국가의 경제 성장

제2차 세계대전이 시작될 무렵에는 사회주의 국가가 소련밖에 없었다. 그러나 전쟁이 끝나고 난 뒤 동유럽 국가들(불가리아, 체코, 슬로바키아, 동독, 헝가리, 폴란드, 루마니아, 유고슬라비아)이 모두 사회주의 국가가 되어 서유럽 제국을 위협하기 시작했다. 그에 대항하기 위해 1952년에 유럽 석탄철강 공동체(ECSC)가 만들어졌다. 가맹국은 프랑스, 서독, 이탈리아, 벨기에, 네덜란드, 룩셈부르크(현 EU의 전신)다.

중세 이후 독일과 프랑스는 종종 전쟁을 치러왔다. 다시 말해 이 두 나라가 사이좋게 지내기만 하면 서유럽에 전쟁이 없어지는 셈이었는데, 이때 두 나라가 한 공동체에 가입함으로써 서유럽에 평화가 찾아온 것이다. 서로 으르렁대기 일쑤였던 독일과 프랑스가 이처럼 하나의 공동체에 들어간 것은 공포감 때문이었다. 동유럽 사회주의 진영의 위협이 매우 강력했으므로 그대로 있다가는 서유럽이 경제적으로나 군사적으로 뒤처지게 된다는 큰 공포감이 당시 사회에 만연했다.

당시 동유럽 사회주의 국가들은 경제 성장률이 서유럽보다 높았다. 큰 정부보다 작은 정부가 경제 성장을 촉진해 자유주의 경제를 성장시킨다고 하지만 역사적으로 반드시 그렇지만은 않다는 사실을 이로써 알 수 있다.

제2차 세계대전이 끝났을 때만 해도 거의 농업국이었던 동유럽 국가들은 주요 산업을 일제히 공업으로 바꾸었다. 그들은 공업 중에서도 생산재 산업에 힘을 기울였다. 원래 마르크스 경제학의 배경이 된 19세기 후반의 영국에서는 철강업이 특히 발전했다. 마르크스 경제학이 생산재를 중시하고 소비재를 경시한 것도 그 때문이다.

그래서 사회주의 국가들은 5년마다 향후 5년간 무엇을 얼마나 생산할지 결정하게 되었다. 중앙 정부가 모든 것을 결정하는 고도의 중앙 집권 국가가 탄생한 것이다. 그러나 국가는 당연히 만능이 아니었으므로 상품의 유통 과정에는 거의 관심을 두지 않았다.

1950~1960년대 동유럽 국가들의 연간 경제 성장률은 대략 9퍼센트로 서유럽 국가들의 평균인 4.6퍼센트를 훨씬 웃돌았다. 그러나 동유럽은 인구가 서유럽보다 훨씬 빨리 늘어났다. 1인당 출산 수 신장률도 서유럽 제국의 4퍼센트보다 상당히 높은 5.7퍼센트였다.

그런데도 서유럽보다 경제 성장률이 높았으니 서유럽이 사회주의 진영을 위협적으로 느꼈던 것도 당연했다. 다만 제2차 세계대전 직후의 동유럽 국가들은 경제수준이 낮았으므로 경제 성장률이 높은 것 역시 어느 정도 당연한 일이었다. 또 당시 사회주의 국가들의 경제 성장은 유통 구조가 일상용품보다 매우 단순한 중공업 제품의 성장에 기반하고 있었음을 알아두는 것이 좋다.

사회주의 경제의 쇠퇴

동유럽 제국의 경제 성장률은 1973년에 약 7.3퍼센트로 정점을 찍은 후 점점 후퇴해 1980년대 후반에는 대체로 전 세계 경제 성장률을 밑돌게 되었다. 여기에 큰 영향을 미친 것이 1973년의 제1차 석유 파동과 1978~1979년의 제2차 석유 파동이다.

EC(유럽 공동체)는 1975년까지 제3세계에서 자신들이 쓸 에너지의 약 60퍼센트를 수입해야 했다. 반면 소련, 루마니아, 폴란드는 석유를 수출하는 나라였으므로 그 기회에 경제 성장률을 높여야 했다. 그러나 채굴 비용이 문제가 되었다. 시베리아에 석탄이 대량으로 매장되어 있었지만 채굴 비용이나 운송비가 엄청나서 채산이 맞지 않았던 것이다.

원래 동유럽 국가들은 자원 절약에 그다지 관심을 두지 않았다. 마르크스 경제학은 물건을 많이 생산할수록 좋다고 주장하므로 생산성이라는 개념이 희박하다. 따라서 동유럽 국가들은 빚으로 서유럽의 최신 기계를 사들여 수출 주도형 경제 성장을 꾀했다. 그러나 동유럽에는 그 일을 해낼 만한 기술자가 없었다. 게다가 GNP(국민 총생산) 대비 에너지 소비량이 서유럽의 두 배까지 올라갔다. 서유럽은 이미 경제를 자원 절약형으로 바꾸기 시작했지만 동유럽은 그러지 못했던 것이다. 앞서 말했다시피 마르크스 경제학이 생산력 증대를 중시할 뿐 자원 절약에는 관심을 기울이지 않았기 때문이다.

1985년 소련 공산당 서기장이 된 고르바초프는 취임하자마자 경제 개혁을 시작했다. 1987년 개인 기업을 허용하고 기업 자치, 외국과의 합병 사업 등을 인정했으며 경제 시스템을 중앙 계획경제에서 시장경제로 바꾸기 시작한 것이다.

그러나 물자 부족과 인플레이션, 재정 적자가 계속되었고 대외 채무는 점점 더 악화되어 국민 경제가 더욱 어려워졌다. 이에 고르바초프는 1990년 공산당 서기장 겸 초대 대통령으로 취임한 후 같은 해 7월에 공산당 일당 독재 체제를 포기했다. 그리고 1991년 12월에 러시아 연방 공화국을 비롯한 구소련의 12개국이 독립 국가 공동체 CIS를 결성하자 소련이라는 나라 자체가 소멸하고 말았다. 이렇게 동유럽의 사회주의 경제가 붕괴했다.

소비재 유통을 경시한 사회주의 국가들

붕괴하기 전 동유럽의 소비수준은 서유럽보다 낮았다. 그래서 소련은 서유럽의 소비수준을 따라잡기 위해 계획경제하에 소비재 생산을 증대하고자 했다. 그러나 소비자는 소비재를 쉽게 손에 넣을 수 없었다. 유통 경로가 정비되지 않았던 데다 정부가 일단 생산량을 정하면 소비자가 아무리 원해도 생산량을 늘리지 않으려 했기 때문이다. 그러면 해당 소비재의 가격은 지나치게 비싸졌고 소비자는 그것을 구입하기 위해 줄을 서야만 했다. 또 앞에서 말한 대로 사회주의 국가들은 소비자가 소비재를 입수하기 위해 반드시 필요한 유통 경로를 정비하지 않았으므로 국민의 불만을 샀다. 이것은 사회주의 붕괴의 주요 원인이 되었다.

다음 인용문을 읽어보면 당시 소련에서 일상용품을 구입하기가 얼마나 어려웠는지를 쉽게 이해할 수 있다.

세계 최초로 인공위성을 띄운 소련이지만 서민의 소비생활은 아직도 놀랄 만큼 빈궁하다. 세탁기용 세제를 거의 팔지 않아서 가끔 판다는 소식이 들리기만 하면 사람이 구름처럼 몰려들어 순식간에 매진된다. 또 인스턴트커피가 동네에서 1년 반 동안 완전히 사라지기도 한다. 이처럼 우리가 일상적으로 아무 생각 없이 쓰는 잡화가 전혀

없고, 설사 있어도 질이 형편없는 데다 가격은 엄청나게 비싸다.(스즈키 도시코, 『아무도 기록하지 않은 소련#も記かなかった?連』, 21쪽)

오래전 이야기지만 이 글은 소련이 소비재와 그 유통 경로를 얼마나 경시했는지를 분명하게 보여준다. 생산재라 해도 작은 부품이라면 유통 경로가 극히 다양해지는 것이 당연하다. 심지어 자질구레한 소비재와 일상용품은 그 종류가 무수하므로 국가가 유통 경로를 정하기는 거의 불가능하다.

사람들은 GDP(국내 총생산)나 국민 소득이 높아졌을 때가 아니라 일상생활이 풍요해졌을 때 경제가 성장했다고 느낀다. 그처럼 일상생활을 풍요롭게 만들려면 유통이 대단히 촘촘하고 다양해져야 하는데 계획경제로는 도저히 그렇게 만들 수 없다. 그 점을 깨닫지 못했던 것이 사회주의 국가의 최대 약점이었다.